中小学生
预防性侵害教育手册

部美美 / 编著

中国華僑出版社

·北京·

图书在版编目（CIP）数据

中小学生预防性侵害教育手册 / 部美美编著. -- 北京：中国华侨出版社, 2024.2

ISBN 978-7-5113-9184-1

Ⅰ. ①中… Ⅱ. ①部… Ⅲ. ①性犯罪—预防犯罪—中小学—教学参考资料 Ⅳ. ①G634.263

中国国家版本馆CIP数据核字（2023）第244682号

中小学生预防性侵害教育手册

编　　著：部美美

出 版 人：杨伯勋

责任编辑：黄振华

封面设计：何洁薇

经　　销：新华书店

开　　本：710mm × 1000mm　1/16 开　印张：6.5　字数：93 千字

印　　刷：艺通印刷（天津）有限公司

版　　次：2024 年 2 月第 1 版

印　　次：2024 年 2 月第 1 次印刷

书　　号：ISBN 978-7-5113-9184-1

定　　价：29.80 元

中国华侨出版社　北京市朝阳区西坝河东里77号楼底商5号　邮编：100028

发 行 部：（010）64443051　传　真：（010）64439708

网　　址：www.oveaschin.com　E-mail：oveaschin@sina.com

前　言

重庆市城口县2014年发生的一起案件中，43岁的语文教师沈某在某小学任教期间，多次以批改作业、大扫除、贴字画等为借口，先后对吴俊霞（化名）等8名女生实施了12次猥亵。

《“女童保护”2021年性侵儿童案例统计及防性侵教育调查报告》数据显示，2021年全年媒体公开报道的性侵儿童（18周岁以下）案例223起，受害人数569人，年龄最小的仅为2周岁。而报告所统计分析的性侵儿童案例均为当年媒体公开报道的案例，未经媒体报道的当年实际发生或者判决的案例不在统计范围内。

2021年上半年至2022年5月，湖南省株洲市攸县某中学教师周某某多次猥亵、强制猥亵未成年女学生，2022年11月被法院判处有期徒刑八年。

……

针对中小学生的性侵害案件时有发生，施暴者可能是他们最敬重的老师、最亲近的父亲（继父）、最亲密的伙伴，也有可能是邻家爷爷……

近年来，网络上频繁曝光儿童被猥亵的事件，在南京火车站小女孩被养父猥亵、在重庆医院大厅女孩被姑父猥亵……未成年人被猥亵、性侵害等事件真实地发生在我们身边。

最高人民检察院发布的《未成年人检察工作白皮书（2022）》显示，2022年起诉强奸、猥亵儿童等性侵未成年人犯罪36 957人，同比上升20.4%。当然，这些仅仅是有司法介入的案件，还有很多没有曝光的事件在暗处发生。在众多儿童被性侵害的案件中，不容忽视的是，80%左右是熟人作案。而且不管是男生还是女生，都可能面临被性侵害的危险。

《中华人民共和国刑法》（2020年修正）第二百三十七条猥亵儿童罪规定：猥亵儿童的，处五年以下有期徒刑；有下列情形之一的，处五年以上有期徒刑：（一）猥亵儿童多人或者多次的；（二）聚众猥亵儿童的，或者在公共场所当众猥亵儿童，情节恶劣的；（三）造成儿童伤害或者其他严重后果的；（四）猥亵手段恶劣或者有其他恶劣情节的。所以，中小学生面临性侵害时，请不要胆怯、害羞，而要勇敢地拿起法律武器，保护自身的安全。

为了让更多中小学生避免遭受性侵害，我们特编写了《中小学生预防性侵害教育手册》，让中小学生能辨别坏人，及时远离危险，避免受到伤害。

《中小学生预防性侵害教育手册》分为六章，旨在让中小学生了解性侵害的相关知识，从而在生活中及时识别并化解危险。书中有大量真实案例和相关图片，中小学生读罢会清晰地认识到性侵害的危害，并掌握有效预防和应对性侵害的方法。

本书从中小学生的视角出发，结合心理学，以深入浅出的语言，为中小学生揭示了一些问题，提出了一些解决方法。由于笔者水平有限，书中如有不足或错误之处，敬请广大读者批评指正。

目录

第一章
性侵害，不容忽视的问题

第二章
常见性侵害类型，做好预防是关键

第三章
危险的公共场所，抵制暗藏的性侵害

第四章

远离性侵害，让校园的环境更洁净

第五章

增强防范意识，建立安全“防火墙”

第六章

生命始终第一，正确应对性侵害

第一章

性侵害，不容忽视的问题

近年来，性侵害案件时有发生，一些中小学生频繁受害。你知道性侵害到底有多大的杀伤力吗？接下来，就让我们一起来学习性侵害的相关知识吧！

001 认识性侵害和性骚扰

一直以来，关于性骚扰、性侵害的案件时有发生，不少中小学生成为这类案件的受害者。在这种背景下，我们有必要学习相关知识。那么，什么是性骚扰、性侵害呢？

认识性侵害

性侵害是指任何违背他人意愿的、带有威胁性质的、与性相关的攻击行为。强奸、性骚扰是性侵害的一种表现形式，露体、窥淫等也是。接下来，让我们一起了解性侵害的罪项构成。

1.《中华人民共和国刑法》（2020年修正）第二百三十七条强制猥亵、侮辱罪，猥亵儿童罪相关处罚规定：

强制猥亵、侮辱罪：以暴力、胁迫或者其他方法强制猥亵他人或者侮辱妇女的，处五年以下有期徒刑或者拘役。

聚众或者在公共场所当众犯前款罪的，或者有其他恶劣情节的，处五年以上有期徒刑。

猥亵儿童罪：猥亵儿童的，处五年以下有期徒刑；有下列情形之一的，处五年以上有期徒刑：

(一)猥亵儿童多人或者多次的；

(二)聚众猥亵儿童的，或者在公共场所当众猥亵儿童，情节恶劣的；

(三)造成儿童伤害或者其他严重后果的；

(四)猥亵手段恶劣或者有其他恶劣情节的。

2.第二百三十六条强奸罪中相关处罚规定：

以暴力、胁迫或者其他手段强奸妇女的，处三年以上十年以下有期徒刑。

奸淫不满十四周岁的幼女的，以强奸论，从重处罚。

强奸妇女、奸淫幼女，有下列情形之一的，处十年以上有期徒刑、无期徒刑或者死刑：

(一) 强奸妇女、奸淫幼女情节恶劣的；

(二) 强奸妇女、奸淫幼女多人的；

(三) 在公共场所当众强奸妇女、奸淫幼女的；

(四) 二人以上轮奸的；

(五) 奸淫不满十周岁的幼女或者造成幼女伤害的；

(六) 致使被害人重伤、死亡或者造成其他严重后果的。

第二百三十六条之一的负有照护职责人员性侵罪规定：

对已满十四周岁不满十六周岁的未成年女性负有监护、收养、看护、教育、医疗等特殊职责的人员，与该未成年女性发生性关系的，处三年以下有期徒刑；情节恶劣的，处三年以上十年以下有期徒刑。

有前款行为，同时又构成本法第二百三十六条规定之罪的，依照处罚较重的规定定罪处罚。

认识性骚扰

性骚扰是性侵害的一种表现形式。

性骚扰是指一个人以利诱或威胁等手段，将自己的性要求强加给别人，迫使别人服从自己的性意志。主要表现为语言上的侮辱、对其身体进行猥亵或性挑逗等，以及违背本人意愿而进行拥抱、抚摸等身体接触。

接下来，我们一起学习性骚扰的表现形式、认识误区等内容。

1. 性骚扰的表现形式

①口头方式：以下流的语言挑逗对方，并向其讲述个人的性经历等。

②行动方式：故意触摸、亲吻对方的脸、乳房等性敏感部位。

③设置环境方式：在周围布满淫秽图片、广告等，使其感到难堪。

2. 性骚扰的五个等级

性骚扰是一个概括性的名词，其根据情节严重程度可以分为以下五个等级。

①性别骚扰：传达带有侮辱、诋毁意味的性别歧视信息。

②性挑逗：所有不受欢迎或带有攻击性的行为。

③性贿赂：以利益作为承诺的方式，如加分、雇用等，要求与其发生性行为或进行性相关活动。

④性要挟：以威胁作为惩罚方式，要求与其发生性行为、进行性相关活动。

⑤性侵害：所有强暴行为和有伤害性、虐待性的性暴力、性行为。

3. 性骚扰的认识误区

①只有女性才会被性骚扰。从一般性骚扰案例中可知，大部分受害者是女性。事实上，部分男性也可能会遭受性骚扰，只不过数量相对低一些。可能是鉴于这些原因，大部分男性对自身受到的性骚扰有更高的宽容度，或者说他们并不在意。例如，对于被人摸了腰背这一行为，女性会更加敏感。另外，男性遭到性骚扰后，通常不愿意和外界述说，因为他们担心没有人会相信或者由于自尊心作祟，他们也可能不愿意向别人倾诉。

②只有年轻、好看的女性才会被性骚扰。任何人都有可能遭受性骚扰。为此，所有人都应提高警惕。

002 无处不在的性侵害

2018 年，一女大学生举报某校教授陈某，控告他性骚扰多名女大学生。相关部门经过调查，证实陈某对他人确实有性骚扰行为。此后，在中国 30 多所高校中，高校大学生纷纷实名致信母校，希望学校可以建立相应的防范性骚扰制度。这件事情引发了社会对性骚扰的关注。性骚扰看似离我们很遥远，但事实上可能就在我们身边。

性骚扰是女生遭受的最常见的性侵害形式

生活中，女性更容易受到性骚扰。例如，被人故意接触、依靠；被人带有性意味地观看或做出带有性意味的行为；接到带有性意味的电话或收到涉性物品；被谈论关于身体或性生活的个人问题；被人强制拥抱、亲吻或拍打；被人以“小妞”“小可爱”等称谓称呼甚至言语调戏等。

这些都属于性骚扰，女生在面对这些情况时，应积极、主动地维护自身权益。

中小学生更容易遭受各种性侵害

中小学生的心智并不是很成熟，更容易成为不法分子的“猎物”。在一所私人学校中，一名 27 岁的男代课老师以辅导学生为名义，单独叫女生到他的房间，和这些女生做一个叫“吃棒棒糖”的游戏。所谓的“吃棒棒糖”游戏，就是将女生的眼睛蒙上，然后老师在自己的生殖器上涂上蜂蜜，并用语言引导女生去舔。

在半年的时间中，受伤害的学生有很多。虽然一些学生知道老师是在耍流氓，但是她们不敢告诉家长。

后来，有一个女生经过一番思想斗争之后，将事实告诉了家长。这位家长听后十分气愤，随后和孩子同班的其他家长说了此事。这些家长和自己的孩子沟通之后，才发现自己的孩子也参与了这个“游戏”。

据说，这位老师是该校的业务骨干，多次获得教学大奖，家中有妻女，是一位有责任感、有担当的好老师。可是这件事被揭发后，他才暴露了自己的本来面目。老师原本是一个神圣的职业，可这位老师却如此伤害学生，其行为令人不齿。

类似的事情其实并不少，只不过很多人认为并没有发生在自己身边，所以也就没有引起足够的重视。相关资料显示，在儿童性侵害案件中，有将近一半的受害者是不满 14 周岁的女童，熟人作案占一半以上。不少女童在受到侵害之后，由于无知、难以启齿、受到威胁等，不敢告诉家长或及时报案，而监护人因顾忌受害人的名誉等，有时也宁愿私下了事。

003 性侵害，留下太多的伤害

遭受性侵害之后，中小学生会在一段时间内产生一系列的心理症状，如恐惧、焦虑、不喜欢自己的身体等。性侵害对他们的身心健康和成长有着严重的负面影响。

性侵害对中小学生心理的伤害

中小学生被性侵害后，如果得不到及时帮助，将会留下长期的心理阴影。那么，遭受伤害之后，中小学生可能会出现哪些消极行为呢？

1. 受到性侵害之后，中小学生很容易产生消极情绪，感到自己的身体很肮脏。情绪开始低落，容易产生自卑感，丧失自信心，对生活产生消极态度。

果冻，今年 30 岁。她在 15 岁的时候，曾在乡下奶奶家待过一段时间。在那段时间，她认识了一个新朋友。这个新朋友叫航航，比果冻大5岁，是奶奶邻居家的一个哥哥，平时很照顾果冻。有一天，果冻穿着漂亮的裙子在奶奶家院子里玩。航航告诉果冻，要带她去一个好玩的地方。果冻很信赖航航，没有拒绝他。

果冻记得，航航将她带到了一个菜园子的角落中，他掀起她的裙子，摸她的下身，果冻感到很疼，不让航航摸，可航航告诉果冻，这只不过是一个游戏，很有趣的。果冻并不知道那是不能做的事情，也没有告诉家里的人。后来，她又被航航性侵害过几次。

再后来，果冻跟着爸爸妈妈到城市生活，再也没有见过航航。这件事一直困惑着果冻。长大后，她才知道当时到底是怎么回事。这件事情早已在她心中扎根，严重影响了她日后的恋爱生活。这段经历导致果冻对男人始终保持一种观望的状态，即便有她喜欢的男生向她告白，她也不会接受。

时间一天天过去了，到现在果冻还没有男朋友。即便是身边的异性长辈对她好一点，她也认为对方是不怀好意的。虽然果冻清楚他们并不是对自己有非分之想，可她始终无法敞开心扉。

她恨航航，想过要告他强奸，可是时过境迁，而且自己也搬过好几次家，已找不到他。30岁的果冻，有着体面的工作、稳定的收入，有房有车，可是小时候受过的伤害，一直困扰着她，而且未来的生活到底如何，她也不知道……

2. 开始变得敏感，害怕和外界接触。一旦受到言语刺激就会变得很敏感。在这种情况下，中小学生很容易患上抑郁症，且可能会做出一些极端的事情。

中小学生很可能将遭受性侵害时的画面、身体的感觉等封存在记忆深处，在平时表现得和常人无异，可是他们记得当时的感觉，这种感觉的影响更深远。研究表明，人们小时候的创伤如果没有得到妥善处理，将会影响人格发展，甚至还会引发各种问题。

性侵害对中小学生身体的伤害

中小学生还没有发育成熟，施暴者却残忍地伤害了他们的身体，一些施暴者为了满足自己的变态欲望，甚至直接摧毁中小学生的身体，严重的还会导致他们残疾或死亡。还有一些受害的中小学生因此染上各种疾病，严重威胁其日后的健康和生活。

韩国的一部电影《素媛》讲述了一件可怕的事情。2012 年夏天，一名女童被一个男子掳走，男子对她实施了强奸、殴打。事后，该男子还用树枝等硬物捅女童的阴道、肠道。当女童被发现时，她躺在一条小河边，大小便失禁，血肉模糊。女童被送到医院就诊，其肠道没有一个地方是完好的，肠子在手术中被完全切除，阴道和肠道中间部分被完全破坏，阴道感染，子宫受损。也就是说，女童的子宫、阴道、肠道都受到重创。最终，女童安装了人造肛门，要终身带着便袋生活，并且永远地失去了生育能力……

004

网络性侵害令人担忧

随着社会的不断发展，网络日益成为人们生活的一部分，越来越多的人已经离不开网络。网恋、网友、网游等都与网络有关。而在接受新鲜事物最快的群体中，中小学生已经成为网络的主力军，男生喜欢刺激而冒险的网络游戏，女生则喜欢通过网络聊天来交友。由于缺少防范意识和知识，中小学生也成为网络性骚扰的主要受害人群。

中小学生受“网婚”诱惑与人裸聊

“网婚”是个新鲜事物，受到了很多人的追捧，特别是接受能力极强的中小学生。新新老师在八年级的一个班级中做了个统计，这个班级有50名学生，几乎一半以上的人已“结婚”。所谓的“结婚”，不是现实中的结婚，而是双方在网络上虚拟注册登记结婚，该班学生透露，他们班有些学生已经与十多个“婚友”结婚了。

小陈是该班一个极普通的女生，由于性格内向，不喜欢与别人交往，很孤独。所以，她就将交往的阵地转到了网络上，只要有时间就到网上与网友聊天，还在网上与6名男生虚拟登记“结婚”了。上周，她给新新老师发来邮件，说起了自己那段难忘的经历：

“新新老师，我的心里很难受，希望可以得到您的帮助，我是个孤僻的女孩，由于性格的原因，我喜欢上了网络交友，刚开始是抱着玩玩的心态去聊天的，可是后来就离不开那些网友了，我每天都在想他们在干什么。我认识的他是个帅帅的大男孩，在上高中，并且是重点高中，我很羡慕他能上重点高中，我不管怎样努力，学习成绩总是上不去，好希望有个学习能力强的人来帮助自己，所以，我对他渐渐有了一些依赖。

“时间慢慢过去了三个月，我们互相有了些了解，他说想与我‘结婚’，当时我吓了一跳，后来才知道他是想和我在网络上‘结婚’，我觉得很新鲜有趣，认为是个好主意。于是，我们在结婚网站里‘结婚’了，‘结婚’后，我喜欢上了他。我们每天视频聊天，可有一天晚上，他给我发来了他的‘阳刚’照，就是光着上身的那种照片，看见他赤裸上身的照片后，我的心久久不能平静。

“之后他时常跟我视频聊天，我看着他的一举一动，他也看着我的一举一动。渐渐地，他穿的衣服越来越少，我说干吗这样呢？他说天气太热了。我看着他那健壮的身体，觉得异常兴奋，而且希望他穿得越来越少，在自己的房间里，我独自欣赏他健美的身体。可他后来也要求我脱衣服，最终我们都光着上身，通过视频相互看着对方的身体。这样的生活又持续了三个月，其间我的脑海里都是幻想，上课走神，成绩一落千丈。然而，在前不久，他被公安局抓了，因为非法传播色情信息。我也在前天被警察带到了派出所。现在老师和家长都知道了我的事情，我好后悔。”

看着邮件里的文字，新新老师思索了很久，网络虽然能帮助中小学生开阔视野，但也能让中小学生掉进不幸的深渊。中小学生需要参加学校组织的应对网络性侵害的教育活动，学会自我保护，以正确对待网络。

中小学生应如何面对网络

在很多含有大量激素的食物的刺激下，部分中小学生性生理早熟，在现代网络等媒介的影响下，中小学生的性心理也逐渐成熟，对性充满了好奇，可是相应地，他们对性知识却知之甚少。所以，开展中小学生性教育势在必行，以学校为主战场，家庭和社会则起辅助作用。

处于青春期的中小学生有性冲动，心里渴望了解性知识，在学校性教育严重缺位的情况下，他们就到网络上去受“教育”，但是网络上的知识来源复杂，甚至有些不良分子打着性教育的幌子传播黄色信息，严重影响中小学生的身心健康。

中小学生应结合自己的实际，接受正面的网络教育，树立良好的心态，并且参加多种活动，让自己在快乐中成长。学校则不能只抓教学质量，而忽视对中小学生心理和性心理的引导。

家长应努力与中小学生成为知心朋友，这样孩子们才不会刻意到网络上去寻找所谓的心灵朋友。此外，社会人士和社会团体应积极开通公益性热线，来满足中小学生对性知识的需求。

例如，在电话中，我们经常听到“新新老师，接吻会怀孕吗？”“我是一名中学生，有性幻想正常吗？”等最简单的性问题。目前，我国高度重视净化网络氛围，但还是有一些不法分子在网络上散布色情信息，毒害中小学生的心灵。所以，各位中小学生一定要提高警惕，防止网络色情对自己造成侵害。

005 网上交友不慎，可能会遭遇性侵害

如今，中小学生多喜欢在网上聊天。这种行为可以帮助中小学生广交朋友，开阔视野。可是网络是一把“双刃剑”，若在网上交友不慎，中小学生很容易受到侵害。或许一些人会说，很多人在网上交朋友，他们并没有遇到什么危险的事情啊！可是同学们要知道，在现实生活中，因为结交网友而受到性侵害的新闻也并不少见。

约见网友却遭遇性侵害

中小学生的身心发育并不成熟，自我控制能力较弱。网络交友等对成人而言都很有诱惑力，更何况中小学生呢？但是网络交友不慎，中小学生可能会受到极大的伤害和打击。

小白今年 15 岁，是一名中学生。平时，她很喜欢通过手机交朋友。2019 年 6 月，她在微信上认识了一位网友，两人很聊得来。小白称他为黄哥，黄哥 16 岁，与小白年龄相差不大。

聊了半个月之后，黄哥约小白见面，小白想也没想就答应了。两人见面后，黄哥又叫来了他的好朋友陈某（15 岁）、田某（15 岁），一行人前往附近的 KTV 唱歌。从 KTV 出来之后，他们一起吃了夜宵。吃夜宵的时候，田某动了坏心思，他悄悄问黄哥小白是不是他女朋友，得知不是后，在田某的提议下，三个人合伙将小白灌醉。随后，他们将喝醉的小白带到宾馆，先后强奸了小白。

事发后，宾馆相关负责人帮小白联系了家人并报警。经检察院审定，黄某等三人的行为已经构成了强奸罪，等待三人的将是法律的制裁！

初一女生逃课见网友，遭两男子性侵

2022年12月，小丽在家长的陪同下到公安局报案。小丽刚满15周岁，是当地一名初中生，家在农村，家长都是农民，她在学校寄读。虽然学校规定学生不能在校内使用手机，可小丽还是私自将手机带在身边。

2022年夏天，小丽在网上认识了一名男网友。这名男网友自称强子，19岁，在外打工。经过一段时间的往来，强子约见小丽。一开始小丽并不同意，但是在强子的软磨硬泡下，小丽最终还是同意了，并且告诉强子晚上要上晚自习，只有一个小时的见面时间。

强子叫来表哥一起见小丽。三人见面后，强子提议一起去吃火锅。小丽则表示晚上还要上晚自习所以不想去。此时，强子灵机一动，向小丽要来了她班主任的电话号码。在电话中，强子谎称是小丽的哥哥，要带妹妹出去吃饭，需要请假。小丽的班主任告诉强子，只有小丽的家长打电话来请假才能批准。

虽然强子并没有帮小丽请假成功，但小丽还是跟着强子及其表哥一起去了火锅店。吃过火锅之后，强子在宾馆开了两间房，三人在一个房间内闲聊了一会儿。随后，强子和表哥来到另一个房间，让小丽独自待在一个房间。强子和表哥商量要和小丽发生性关系。

随后，强子先到了小丽的房间强行和小丽发生了性关系。事后，强子离开，其表哥进入小丽的房间和其发生了性关系。

这是一起十分典型的未成年女学生轻信网友引发的悲剧。在本案中，受害者小丽完全有机会避免悲剧的发生。她和强子见面后，完全可以拒绝聚餐而离开；聚餐之后，她可以即刻离开；在宾馆中，小丽独处一室，也可以趁机离开……

最好的防范措施就是不见网友

对中小学生来说，尤其是女学生，在没有确定网友真实身份的情况下，最好不见网友。若因特殊原因非见不可，则要约在自己熟悉的环境中。不要去酒吧、宾馆等地，也不要相约在夜间。

最后，如果约见异性网友，最好有好朋友陪同。如果没有，至少也要将和网友相见的时间、地点告知自己的朋友，这样一旦你有危险，朋友也能及时地帮助你。

006

未成年人缺乏自我保护意识更易遭受性侵害

每年都有不少未成年人被性侵害的案件发生。从年龄来看，受害人的年龄大多在 12 岁左右；从时间来看，未成年人在假期受到性侵害的比例更高。未成年人缺乏一定的自我保护意识，更容易遭受性侵害。

家长监管缺位导致未成年人遭受性侵害

近些年发生的未成年人性侵害案件，大部分是家长监管不到位、不关心未成年人的身心健康导致的。尤其是在放学后或假期这些时间段，未成年人独自回家或在街上玩耍，很容易成为犯罪分子“下手”的目标。

例如，有一名 5 岁的女童独自在某田径场中玩耍，从而被人性侵害；一名 11 岁的男孩晚上 9 点还在户外玩耍，结果被熟人掳去施暴；一名家长将孩子带到自己的工作单位，由于没有看护好，导致孩子被性侵害……这些案件无不暴露出家长在监护未成年人方面存在漏洞。另外，还有一部分未成年人在上学期间被性侵害，而侵犯者竟然是他们最敬爱的老师。

某小学教师李某是六年级某班的班主任，在课堂上经常会趁女学生写作业的时候，当众将手伸进女学生的衣服中实施猥亵。他的这种行为大概维持了两年，班级中的女学生无一幸免。在此期间，有女学生向家长反映“老师摸我”，可是家长并没有重视这件事，反倒认为是自己的孩子不懂事。一直到这些受害的女学生纷纷回家郑重其事地告知家长，这才引起家长的重视，最终李某被判刑 12 年。

未成年人自己缺乏自我保护意识

未成年人对陌生人向自己寻求帮助并没有高度警惕性，所以部分不法分子利用未成年人的同情心，将其诱骗到偏僻的地方。另外，未成年人对陌生人的“馈赠”也少有警觉，很容易被小恩小惠所诱惑。

某居民楼中，冯某在其住所内进行嫖娼活动，而嫖娼的对象竟然是一名未满14周岁的女生。经审问，冯某在知道小玲是未满14周岁的幼女的情况下，先后两次和她发生性行为。虽然小玲未满14周岁，可是她的外表很成熟。在第一次和冯某发生性行为之后，她得到了200元报酬。此后，冯某的朋友江某答应给小玲买一套新衣服，小玲又与江某发生了性行为。最终，冯某、江某因犯嫖娼幼女罪，被判有期徒刑8年。

另外，个别未成年人对“被性侵害”并没有意识。例如，被人带到了陌生环境中看色情录像、被触摸身体等，并没有真正意识到自己被性侵害了，懵懵懂懂，不知反抗。当然，还有部分未成年人没有及时向家长倾诉，导致不法分子多次“得手”。

在金钱的引诱下从事卖淫活动

在未成年人性侵害案件中，更令人感到痛心的是一些未成年受害人早已将自重自爱抛在了脑后，或者是为了满足对金钱的渴望而“卖初夜”，或者在他人的引诱下从事卖淫等非法勾当。事发后，一些家长没有在性知识方面对孩子加以引导，反倒将孩子受侵害的事情作为索要钱财的砝码，如在事发后并不是第一时间去报案，而是一味追寻“从这件事中可以获得多少赔偿金”。从本质上来讲，这是一种扭曲的心理。这种做法，会对未成年人身心造成极大伤害，导致未成年人对于性的认识片面，甚至扭曲。

13岁女孩小晴在网络上认识了王某，王某时不时会给小晴发一些红包。不久，小晴就和王某见面了，王某承诺给小晴1000元，让她陪他睡觉，小晴答应了。随后，王某承诺只要小晴能引见一个女孩，就给她200元。在金钱的诱惑下，小晴成为王某“猎艳”的“猎手”。很多女孩被小晴诱骗到王某的住处，王某强迫这些未成年女孩和他发生关系。最终，王某被判处无期徒刑。

未成年人还没有形成正确的价值观、人生观，他们很容易被诱惑，从而误入歧途。因此，中小学生平时应多看一些积极向上的影视作品、书籍，让自己更好地成长。

007

暗示孩子可能遭受性侵害的十大变化

1. 突然做出带有性特征的行为。当中小学生出现如下状况，很可能遭受了性侵害：突然想要触摸自己，或其他孩子甚至成年人的身体；想让父母触摸自己的身体。

2. 中小学生突然出现恐惧感。如害怕来访的某个人；害怕参加以前期望参加的某项定期活动；不愿与他人交朋友，不愿被人打扰，也不愿被某个人关注；等等。

3. 性格大变。如从特别安静到非常好争斗，或是从非常喜欢外出到变得安静、孤僻。

4. 在行为上，明显表现出对他人有攻击意向。年龄较小的孩子，可能会因此被欺凌；年龄大一些的孩子还可能伴有酗酒等行为。

5. 睡眠失调。例如，比平常睡得更多或是更难入睡。

6. 纵火或突然喜欢玩火。

7. 绘画内容凌乱。

8. 饮食突然变得没有规律，如吃得过多或吃得太少。频繁受到性侵害的孩子可能迅速发胖，或患上厌食症，他们以此希望自己对施虐者不再具有吸引力。

9. 有生理变化。例如，有不正常的阴茎或阴道分泌物，生殖器区域有瘀伤、疼痛感，尿频或排尿困难等。

10. 反常的举止变化。例如，对以前喜欢的事物有态度变化。

第二章

常见性侵害类型，做好预防是关键

针对中小学生的常见性侵害类型有暴力型性侵害、胁迫型性侵害、社交型性侵害、诱惑型性侵害等。通过对本章内容的学习，中小学生可掌握这些性侵害知识，并做好预防措施，有效规避危险。

001 暴力型性侵害

暴力型性侵害指采取暴力手段，如携带凶器或通过暴力威胁从而对女性实施强奸、猥亵等行为。暴力型性侵害性质恶劣，令人发指。

女孩惨遭暴力型性侵害，致左眼失明

2017年3月10日，某初三女孩在上学途中遭一名陌生男子尾随。这名男子用石头袭击女孩的头部，女孩倒地后，该男子试图对女孩实施强奸。幸好这一幕被其他学生发现，男子才逃离现场。随后，女孩被送往医院救治，经诊断女孩头部受到重创，左眼失明。

案发后，当地警方快速成立专案组，对可疑人员进行排查。后发现一名可疑男子。该名男子因和工友发生争执而被包工头辞退，他对此怀恨在心，于是隐匿在包工头家附近的一个废弃屋内，伺机报复包工头。等了好几天之后，他都没有发现包工头的身影，但他发现附近总有年轻女性活动，于是产生了性侵的恶念。

女孩赴宴，惨遭暴力型性侵害致死

在一栋破旧的房屋内，一位70岁的老人站在一名年轻女子的遗像前，久久不肯离去。老人说，再过十多天就是孙女燕燕的生日了。燕燕是某大学航空服务专业的毕业生，原本打算在9月赴上海某机场工作，可为了挣一点路费，毕业后她就在家附近找了一份工作。燕燕和爷爷、奶奶最后一次见面时，她在饭桌上说，等自己发工资了，一定要请爷爷、奶奶吃顿好的。可是，老人们等来的却是孙女的死讯。

燕燕到底是怎么死的呢？那天下午，燕燕陪着公司领导去见客户，在宴席间，燕燕喝了不少酒。一名姓何的客户趁机将燕燕带到了自己入住的酒店。当晚，何某在燕燕醉酒之际，对燕燕实施暴力型性侵害，导致燕燕大量失血。次日，燕燕死亡……

暴力型性侵害让一个鲜活的生命就这样消失了。如果燕燕没有找这份工作，或许她将成为一名漂亮的空姐，等待她的将是美好的生活。

暴力型性侵害危害重重

我们从上述性暴力案件中可以看出，暴力型性侵害会让受害者受到不同程度的伤害，和一般的性侵害不同，暴力型性侵害对受害者的危害更大。例如，前文提到过，在韩国电影《素媛》中，素媛在受到暴力型性侵害后，终身都要带着便袋生活，还面临着失去生育能力的痛苦。另外，经历过暴力型性侵害的受害者，通常会出现各种心理问题，甚至还会有自杀倾向。

002 胁迫型性侵害

胁迫型性侵害指犯罪分子利用自己的权势、地位、职务之便，对有求于自己的受害人加以利诱或威胁，强迫受害人与其发生非暴力型的性行为。

14岁初中生遭房东侵害，色魔目睹后以此长期胁迫性侵害女生

小林是一名初中生，家在乡下，她在城里上学。为了上、下学方便，她在学校附近租了一间房子。可是令小林没想到的是，这是她噩梦的开始。心怀鬼胎的房东以家中电脑可以上网查资料为名，将不谙世事的小林诱骗到自己的房间并对其实施性侵害。小林为了躲避房东的骚扰，离开了出租房。可是该房东不肯罢休，他经常在放学路上拦截小林，并通过威胁、恐吓，强行多次和小林发生性关系。

一次，一个老光棍目睹了这一切，他自认为抓住了小林的"把柄"，也想借机占便宜。随后，他找到小林，声称如果小林不答应他的要求，他就把小林的"丑事"曝光，让小林无法上学、无法见人。在他的胁迫之下，强行与小林发生了性关系。后来，小林的母亲发现了女儿身体的异样，经询问后才得知了真相。她立刻带着小林去报案。很快两名犯罪分子受到了法律的制裁，小林才逃脱了他们的魔掌。可是小林的心理创伤不知道需要多久才能治愈。

《房思琪的初恋乐园》让人痛心

台湾作家林奕含的作品《房思琪的初恋乐园》讲了这么一则故事：

小小的房思琪长相可爱，还很有文采，平时很喜欢写作，她很崇拜补习班里饱读诗书的李国华老师。李老师住在一栋高级住宅楼

中，收藏了很多书。房思琪将李国华的话当成圣旨，而且在学习的压力下，她渐渐地将对爱情的憧憬转移到了李老师身上。在房思琪眼中，李老师散发着“真理”的光芒。事实上，李国华在家中精心构筑的书架、搜罗的各种小说，不过是他演戏的道具罢了。

李国华以给房思琪指导写作为借口，设下圈套对房思琪实施了性侵害。在他的性侵害下，房思琪艰难地成长着。房思琪曾向父母暗示李国华的所作所为，可是父母并不相信。房思琪并未死心，将自己的遭遇当成别人的事情讲给父母听，其父母却告诉房思琪，这个女孩小小年纪就很“骚”。从那以后，房思琪再也没有提过这件事情。这些秘密一直到房思琪发疯，被送到精神病院之后，才真相大白。

可怜的房思琪一直备受欺凌，其痛苦又有谁能知道呢？在这件事中，李国华固然是罪魁祸首，但房思琪的父母也有很大责任。

胁迫型性侵害的特点

从上述案例中，我们可以总结出胁迫型性侵害的一些特点。

1. 利用职务之便或乘人之危使受害人就范。

2. 设置圈套，让受害人上钩。

3. 利用过错或隐私要挟受害人。

胁迫型性侵害对于受害者的危害也是不容忽视的，尤其是对于那些心理承受能力弱的人来说，这可能会使他们失去对生活的信心。

003 社交型性侵害

社交型性侵害又被称为“沉默强奸”“熟人强奸”“酒后强奸”等。社交型性侵害是指中小学生在自己的生活圈子中发生的性侵害，实施者大多是受害人的同学、邻居等。中小学生受到伤害之后，往往出于各种原因而不敢揭发。所以，在社交活动中，中小学生很容易成为犯罪分子侵害的对象。在生活中，中小学生要对此提高警惕。

网上结识已婚男，初二少女怀孕

小夏刚上初中二年级，和同龄人一样喜欢上网聊天。在网上，小夏认识了48岁的男网友王某。经过一段时间的网聊，不谙世事的小夏和王某见面了。

一个周末，王某开车赶到小夏所在的城市，小夏则哄骗妈妈要和同学聚会，悄悄和王某见面。两人见面后，王某开车载着小夏到附近的景区玩了两天。临别时，王某还给小夏买了一些衣服、礼物，送给了她一些现金。初次见面，王某给小夏留下了好印象，单纯的小夏对其放松了警惕。

随后，王某又约小夏见面。当天晚上，小夏经不住王某的软磨硬泡，最终和他发生了性关系。此后，几乎每个周末，王某都会开车和小夏见面并发生性关系。几个月后，小夏发现自己好几个月没来例假了。她将此事告知了王某，王某遂带小夏去医院检查。经过检查，小夏得知自己已经怀孕3个月了。而王某则要求小夏去做人流手术。

在小夏做人流手术的当天，王某有事先走了，走之前给小夏留了一些现金。而小夏听病房的人说，做人流很痛苦，还可能丢掉性命，这才给家人发短信，告知实情。

小夏遭遇的正是社交型性侵害。在现实生活中，类似的事情并不少，可是懵懂的他们并不知道自己是受害者，反而还在为犯罪分子隐瞒、开脱。与此同时，不少中小学生很容易将与异性之间的友谊当成爱情，导致自己遭遇性侵害。

中小学生如何预防社交型性侵害

社交型性侵害属于最常见的性侵害类型。那么，在生活中，中小学生要如何预防呢？

1. 不要轻信刚结识的异性朋友的话。
2. 控制好自己，不要在交往中表现得过于轻浮。
3. 控制约会的环境。
4. 不要饮酒。
5. 不要接受对方赠予的贵重礼物。
6. 如果对方有过分的举动，一定要明确表明自己的反对态度。

004 诱惑型性侵害

在生活中，如果有人给你一些小恩小惠，你会怎么做？当然，大部分中小学生会选择拒绝，可也不能排除有一部分中小学生贪图便宜。殊不知，贪小便宜会吃大亏。同学们很可能因此遭遇诱惑型性侵害。

男子诱惑性侵害多名男童

13 岁的崽崽通过网络漂流瓶认识了比自己年长 30 岁的男人李某。两人网聊一个月之后，正式在线下见面。李某将崽崽引诱到家中玩，他让崽崽玩电子游戏，自己去洗澡了。随后，李某围着浴巾出来，对崽崽实施性侵害。

第一次侵害崽崽后，李某给了崽崽 200 元，并告诉崽崽以后有什么困难就找他。此后，李某对崽崽持续进行了 3 个多月的性侵害。每次，崽崽都会自己乘地铁到李某家中。在此期间，李某多次给崽崽买零食，每次性侵害之后还会给崽崽现金，崽崽也多次让李某给自己购买 Q 币等，有时还主动提出到李某家中，要求他多给自己钱。

后来，警方在李某的 QQ 中发现，他结交了 100 多名 13 岁以下的未成年人，且性侵害了其中 4 名，而崽崽就是其中之一。据悉，李某在诱惑其他男孩时，有时会给现金，有时会送 iPad，有时会赠送大型超市的购物卡。

从崽崽的案件中不难发现，崽崽缺乏辨别是非的能力，他被外在的小恩小惠所诱惑，从而让李某胡作非为。当然，类似崽崽的未成年人也不在少数，他们并不知道因自己贪图便宜，给自己、家人及社会带来了怎样的危害。

中小学生如何抵御诱惑

人的一生被形形色色的诱惑包围着，只要你稍微放松，它就会乘虚而入，占领你的精神领域。你只有坚定意念，朝着正确的方向前进，才能不被其“俘获”。那么，中小学生要如何抵御诱惑呢？

1. 马上离开。当遭受诱惑时，你应立刻离开诱惑源。

2. 直面内心。学会和自己交流，跟自己交朋友。了解自己是一个怎样的人，才能了解如何让自己不受诱惑。

3. 增强意志力。强大的意志力可以让我们更不容易被他人诱惑。

4. 热爱生活。在平时多接触一些积极向上的东西，树立正确的价值观，热爱生活，远离诱惑。

5. 提高自制力。一个自制力较差的人很难抵御不良诱惑。自制力低下的人有很多不良的习惯，所以养成良好的习惯可以进一步提高自制力。

6. 时刻牢记诱惑的不良后果。给自己暗示，告诉自己受诱惑的结果很严重，对自己的伤害很大。

第三章

危险的公共场所，抵制暗藏的性侵害

公交、地铁等都是中小学生出行的主要交通工具；公园、校医室、书店则是中小学生经常出入的公共场所。如果有人问：这些地方安全吗？可能大部分中小学生会纳闷：难道这些地方不安全吗？事实上，这些地方藏匿着各种性侵害行为。

001

在公交车上遇到性侵害

不少中小学生会乘坐公交车上学，有些中小学女生害羞不爱说话，而犯罪分子则利用这一点，在公交车上实施性侵害。如在非常拥挤的公交车上，不停地挤向身旁的中小学生……

乘坐公交车时的防色狼招数

琳琳今年 15 岁，长得很漂亮，她每天上学都要乘坐公交车。2019 年 6 月的一天，她照常乘坐公交车去学校，可车上人特别多，一个男人紧紧贴在琳琳的身上，还用手摸琳琳的下身。这时的琳琳非常气愤，且感到十分恶心，又觉得很害怕。她想躲开，可怎么也挤不动，想大声喊，可又没那么大的勇气。从此，每逢乘公交车，琳琳都感到恐惧不安，不知怎样才可以摆脱这种骚扰行为。

当我们在公交车上遭遇性侵害时，我们可以这样做：

第 1 招：学会寻找依靠，向司机或者售票员靠近。色狼通常因为心虚，不会再追赶过来。

第 2 招：用带有威慑力的眼神与色狼对视。同时，尽量往女性多的地方挤，这样会更安全。

第 3 招：疾声呼叫。遇色狼时，可以大声喊“抓小偷”，他肯定会反驳自己不是小偷，这时你可以说：“不偷东西，怎么一直往我的身上贴？”让色狼自己现形。

第 4 招：大声呵斥，引起他人注意，如可以大声问他“干什么”，以引起其他乘客对这个色狼的注意。此后，若他有不良的行为，其他乘客也会对你施以援手。

第 5 招：巧用书包或鞋跟。当发现有人骚扰你时，你可以用书包阻挡，还可以用鞋跟踩他的脚，制止其罪恶行为。

第 6 招：当你看到自己的同伴受到性侵害时，可以对她说“这里好热，我们换个地方吧”。然后，一起迅速离开。

002 在地铁上遇到性侵害

越来越多的人更青睐乘坐地铁出行，而越来越拥挤的地铁车厢也给了不法分子可乘之机。

了解在地铁上出现的性侵害的种类

在地铁上出现的性侵害可以分为两类：一类是无接触侵害，如男性当着中小学生的面露出性器官，或者长时间盯着中小学生的胸部等能让人产生性联想的部位，或用手机偷拍中小学生的身体；另一类是接触侵害，即男性伺机占便宜，将身体紧贴着女乘客或伸出“咸猪手”……

在地铁上遇到性侵害时该怎么做

在地铁上，你若发现身旁的男性偷瞄你的胸部时，抬头恶狠狠地瞪他几眼，如此这些人就会知趣地离开了。

在地铁上，你若遇到有男性用手机偷拍你的敏感部位时，你可以用“凶悍”的眼神看他，并及时离开。

有些人在地铁上伸出“咸猪手”可能出于以下两个原因：一是有一定心理障碍。有些人看到有姿色的女性时，往往会“按捺”不住自己，总会想法子不断靠近女性，并用手或者是下体去触碰女性进行猥亵。二是出于习惯，这类人有较好的心理素质，他们的动作会更加大胆和直接。简单来说，即使女性极力规避他们，他们依然会频频下手。

如果是第一种人，你可以迅速移开身体并狠狠地瞪他一眼。通常他会马上收敛。对第二种人，这种方法就未必奏效，因为这种人屡次犯案，他们很懂得揣测女性的心理，知道大部分女性会因胆怯或者羞耻感而不好意思在公共场所反抗。此时，你一定不能胆怯，要勇于反抗，要表现出足够的“愤怒”。

如何预防地铁上的性侵害

如何才能更好地防止自己在地铁上遭受性侵害呢？归根结底，还是要从预防入手。

首先，我们要克服自己的心理关，不要因为胆怯而不敢反抗，任由其胡作非为。事实上，他们都是“纸老虎”，在光天化日之下做出这等龌龊之事，他们也是心虚的，该害怕的是他们而不是你。

其次，要注意自己的穿着打扮。外出乘坐地铁时，建议不要穿低胸装，不要穿过大的内衣；少穿或不穿短裙、紧身裙，尤其是迷你裙。如果天气实在很热，建议穿宽松的长裙；还有出门在外，下蹲、弯腰的时候一定要注意避免走光，还要注意周边有没有“异样”的目光；穿裙子就座时，要保持正确的坐姿，不要叉开腿或跷二郎腿。

总之，女性不仅要“柔美”，也要“果敢”，这才是有效预防地铁性侵害的根本举措。

003 在公园遇到性侵害

公园是我们常去散步的地方，可是你知道吗？这原本是让人放松的地方，却也涌动着性侵害的暗流。个别未成年人在公园遭到性侵害后，会对公园产生心理阴影，不敢再去公园散步、游玩了。接下来，就让我们一起来看看吧！

女孩在公园遭遇性侵害

“五一”国际劳动节刚刚过去，初二女孩小雨就找到班主任王老师寻求帮助。看她神色慌张、欲言又止的样子，王老师知道她一定遇到麻烦了。否则，小雨是不会这样慌张的。

“有什么事情吗？”王老师示意小雨坐下来。

“我昨天遇到了一个色鬼，好在我及时逃走了，不然都不知道会发生什么事情。昨天我一夜未眠，今天脑袋昏昏沉沉的……”小雨的情绪很激动，她脸色煞白。王老师给小雨递上一杯清茶，告诉小雨不要着急，慢慢说，小雨的情绪这才渐渐平复下来。

“都怪我，太缺乏警惕性了。前两天太累了，我就一个人到公园散心。突然，有一个人和我搭讪，他自称是某大学的老师，希望和我聊一会儿天。当时公园里的人很多，我就没多想。于是，我们就一边聊天一边走。一路上，总有人和男人打招呼，很热情的样子。看到男人和行人打招呼的样子，我的所有担忧都打消了。

“当走到公园深处时，行人越来越少。男人说要和我一起登山，那里有一条僻静的路。我不想去，可是他告诉我，不要太担心，登上那座山也不过是几分钟的事，上去会看到别样的风景，然后就硬拉着我上去。我勉强答应了，在半路上看到了三五个行人，其中还有一对卿卿我我的恋人。看着男人若无其事的样子，我自怪多心了。可就在这个时候，男人突然拉起我的手，然后就要强吻我……这真是把我吓坏了，我想喊，可男人堵住了我的嘴，我用尽全身力气才挣脱，而后就喊着朝山下跑去了。”

了解到小雨的经历后，我们为小雨感到庆幸。好在她反应快，不然后果不堪设想。小雨遭遇的这件事情也告诉我们，公园也不是十分安全的地方，同学们在公园闲逛时一定要多加小心。

为什么公园里会出现性侵害

事实上，性侵害是无处不在的，可是为什么在公园这样的公共场所也会出现性侵害呢？

1. 性饥渴。在公园中，难免会有性饥渴的男性。他们对女性的性侵害和他们的生理需求有很大关系。长时间处于性饥渴状态下的男性，在看到女性后容易失去自控能力，他们会伺机寻找机会进行性侵害。

2. 青春期冲动。刚涉世的青少年也是性侵害者中的一部分，他们正值性躁动时期，对性很好奇。在没有得到正确引导的情况下，他们将好奇心寄托在对女性的性侵害行为上。而公园面积较大，人员稀疏，更适合他们作案。

3. 思想淫乱，有性别歧视。在社会上，总有一部分男性不尊重女性，他们将女性当成性发泄的工具。他们会伺机接近女性，通过语言挑逗，甚至动手动脚，得到某种性满足。

需要注意的是，有些男性，最开始对人进行性侵害可能仅仅是好奇，可是时间久了，就会形成一种习惯，对他人进行习惯性的性侵害，严重者可能出现畸形病态心理，即性变态。

如何在公园中预防性侵害

平时，同学们在公园散心、散步时，只有从多方面预防性侵害，才能确保自身的安全。那么，同学们具体要如何做呢？

1. 遇见陌生人搭讪，甚至要求一起同行散步时，一定要婉言拒绝。
2. 在公园散步、散心时，至少要有一个同伴陪伴。
3. 不要到公园的偏僻处散步。
4. 不要夜晚时分在公园闲逛。
5. 不要穿过于暴露的衣服。

总之，同学们要多一点防范意识、多一点警惕，这样在公园中就可以有效避免性侵害了。

004

在校医室遇到性侵害

大部分学校有校医室，这样中小学生有一些小病就可以及时解决了。医生原本是一个神圣的职业，可是你知道吗，有时候会发生校医性侵害学生的事件，听到这样的事情，你是不是也有点儿咂舌呢？让我们一起来看看吧！

女生就医，不承想被校医性侵害

2018 年 10 月 23 日，南京工业大学浦江学院的一名女大学生在“浦江学院表白墙”上贴出了一段特殊的网络聊天记录，描述了一个女生在接受校医治疗时，遭到校医性侵害的事情。看到这个事情后，不少女生表示也曾遇到过类似的问题。

这到底是怎么一回事呢？原来，这名女生因腹胀接受校医孟某的治疗。一开始，校医只是隔着衣服给她按摩，随后，女生感到校医将手伸到了自己的内裤里，女生立刻说不按摩了。

该名女生遇到这种情况后，很害怕。她和舍友谈了这件事情，才发现舍友也遇到过这种情况。据浦江学院的学生介绍，这名校医 65 岁，可能是年纪比较大，很多学生对这位校医的印象都挺好。直到此时，大家才知道其真面目。

事发后，公安局介入调查，经查该校医确实对女生存在性侵害行为，学校领导十分重视，立即由保卫部门参与调查。同时，该校也积极配合公安局对类似不良行为进行彻查。

如何预防被校医性侵害

如果同学们被没有医德的校医性侵害，该怎么办呢？

1. 如果自己身体不适，需要到校医室就医，一定要和三两个同学结伴而行。

2. 如果校医要求单独给你检查身体，或提出让你做一些难堪的事情，你一定要提高警惕，辨别校医的用心。

3. 如果校医和你谈论一些有关性的话题，你要及时找借口离开。

4. 如果校医对你动手动脚，一定全力挣脱，赶紧离开校医室。同学们不能忍气吞声，一定要向老师、学校相关部门举报，引起学校重视，避免更多人受到伤害。

005

在书店遇到性侵害

书店是中小学生喜欢去的地方，在那里我们可以安静地读自己喜欢的书籍。如果有人问你，在书店可能会遇到哪些危险呢？或许你会质疑，书店能发生什么危险的事情呢，想多了吧？但事实上，书店中也会存在一些“危险”。

女孩在书店遇猥琐男

小静是一名初一学生，她家附近有一家书店。有一天，小静和同学约好到书店买学习资料。后来，同学有事爽约了，小静只好自己前往书店。中午时分，小静给妈妈打电话，说自己在书店被人性骚扰了，小静的妈妈赶紧来到书店。

监控显示，小静到达书店后，专心地选购自己想买的书籍，而在小静身旁有一名男子来回游走，不时瞟着小静，并不断向小静靠近。在此期间，男子不时地用手摸着自己的下体。当靠近小静后，他突然拉开短裤的拉链露出下体，当面对着小静手淫起来，但是小静并没有察觉到，而是准备去看看另一个书架上的书。

就在小静和男子擦肩而过时，男子突然将手伸进小静的裙底，撩起小静的裙子。面对男子突如其来的举动，小静吓坏了，她赶紧转身离开，给妈妈打电话。

小静的妈妈从监控中看到女儿的遭遇后，愤怒地说道：“真是太可耻了，在公共场所都敢这样，万一是在人少的地方，那后果真是难以想象啊。”事后，小静的妈妈向当地派出所报警，公安部门立刻介入调查。据说，这家书店曾经发生过类似的事情。

在书店被性侵害后，怎么办

在上述案例中，小静在书店被性侵害后立刻给妈妈打电话，这一举措是可行的。小静的妈妈赶到后，及时调取监控录像还原了真相并报案，这样坏人就能得到惩治，也可以更好地避免其他人受性侵害。那么，除此之外，我们还可以怎么做呢？

如果我们被性侵害，可以大声喊叫，这样就可以让更多人注意到自己，不法分子就不敢采取进一步行动了；我们还可以寻找书店相关工作人员，将不法分子扭送到公安局；我们也可以大声呵斥他，引起周围人的注意，壮大自己的声势，这样他就不敢再有越轨的行为了。

值得一提的是，在书店这种公共场所遇到性侵害一定不要忍气吞声，要勇敢地指出来，这样才能打压不法分子的嚣张气焰。必要时，可以和家人、书店相关人员一起将不法分子扭送到公安局。

如何避免在书店遭受性侵害

事实上，一般情况下，人们在书店中遭遇性侵害的概率很小，但是也不能完全避免。那么，如何才能有效避免在书店遭受性侵害呢？

1. 去书店可以结伴而行。

2. 选购书籍时，可以不时瞟一瞟周边，看是否有可疑人员，如果有，可选择快速离开，不让他们有机可乘。

3. 在书店买书时，如果穿着短裙，一定要注意防“走光”，避免让不法分子有非分之想。

4. 买书时，尽量不要站在书店的拐角处。如果有需要，一定要将同伴也带过去，这样可以打消不法分子的坏念头。

总而言之，在书店想要免遭性侵害，我们一定要增强自我防范意识。

第四章

远离性侵害，让校园的环境更洁净

校园是中小学生长时间活动的地方，那里有老师、同学……在更多人眼中，学校是一个再安全不过的地方了。可是，如今的学校似乎也不是那么安全了。

001

校园猥亵事件频繁发生

一直以来，学校被认为是最纯真、最美好的地方，因为那里没有社会上的尔虞我诈，没有赤裸裸的伤害。可是在我们认为校园有太多美好的同时，却有一些隐藏的魔爪，让我们感到发慌、无助。校园早已不是我们认为的象牙塔，其中也有一些邪恶的黑手。

韩国有一部电影叫《熔炉》，这是一部根据韩国光州一所聋哑学校校长长期性侵儿童的真实事件改编成的电影。在真实事件中，该学校从校长到老师，一共有 10 多人参与施暴。从 2000 年开始，他们先后对 30 多名聋哑孩子进行性侵，这些孩子的年龄从 7 岁至 20 岁不等。我们很难想象这些被迫害的孩子在心理上蒙上了怎样的阴影，又是怎样绝望。那么，在我国发生在校园内的猥亵事件都有哪些呢？

校长带女生开房案

2013 年 5 月 8 日，海南省万宁市某小学有 6 名小学六年级女生突然失踪，她们的失踪引起了老师和家长的恐慌。这些女孩到底在哪里？原来，这 6 名小学女生被万宁市某小学校长陈某等人带走开房。2013 年 5 月 14 日，陈某等人被警方刑拘。

这些小学女生到底是怎么和校长陈某联系在一起的呢？ 14 岁的琳琳是其中一名被害人，她说在 2012 年 6 月前，她一直在陈某所在的小学就读，2013 年才转到另一所小学。在 2011 年的某天，六年级的琳琳因逃课被班主任送到了校长办公室。在离开办公室之前，校长陈某让琳琳记下他的手机号。

2012 年 6 月，琳琳因为小升初考试的成绩和校长陈某有过联系。她还告诉校长陈某，自己不想上课，希望他能帮忙请假。校长陈某主动给琳琳发短信，希望她能帮他找“女朋友”。琳琳说，自己从没有真正帮他找过“女朋友”。

在 2013 年春节前的某一天晚上，校长陈某将琳琳约到当地某个酒吧喝酒。琳琳丝毫没有戒备便去赴约，其间被灌酒，后陈某借故离开。琳琳称，这是开房事件发生前她最后一次和陈某见面。

在事件发生前几天，琳琳家中聚集了六七个女孩。她们想去海口，琳琳便联系了校长陈某。陈某前来接她们，却否定了去海口的提议。陈某给琳琳留下了 300 元，临走时还告诉琳琳晚上可以打电话叫他过来。

后来，琳琳接到陈某的电话，陈某说已在 KTV 开好房间等她们过来。琳琳及其他几人同行赴约，但在唱歌的时候陈某便搂着女孩们，如果大家反抗，陈某就会搂得更紧。凌晨 1 点左右，陈某询问女孩们晚上到哪里睡觉，并要求琳琳和另一个女孩与他住一个房间。次日早晨，女孩们决定离开。陈某塞给琳琳一些钱，并要求她不能把这件事情说出去。

男生遭男教师猥亵

2016 年 4 月，一名 16 岁的男生小伟精神恍惚，家人发现异常后，带着他前往医院就诊。医生就诊时发现小伟的身体有异样，小伟遂将真实情况告知了家长，原来，他多次遭到男教师的猥亵。

这名男教师是小伟的老师，他多次以讨论学习为由将小伟带回家中。这名男教师一个人生活，到了他家，他就会拿出酒让小伟陪他喝点儿。一开始小伟以不会喝酒为由拒绝，可是这名男教师说，小伟不陪他喝酒就是对他不尊重。很快，小伟就被灌醉了。这名男教师借机让小伟在自己家中留宿。在梦中，小伟感到有人碰他，发现是老师后他不敢反抗。此后，这名男教师又多次让小伟到自己家中喝酒，小伟迫于老师的压力不敢不从。他知道这样的行为是不好的，却又不知道到底怎么处理，这才出现了精神恍惚的问题。

得知小伟的遭遇后，家长十分气愤，马上向公安机关报警。随后，公安局展开调查，才发现这名男教师并不是学校的在编教师，而是一名兼职教师。经调查，小伟并不是第一个被他侵犯的学生。在此之前，他还猥亵了3名男生。

类似的校园猥亵事件还有很多。如何减少校园猥亵事件，是一件亟待解决的问题。

002 校园性侵害的主要形式和应对措施

性侵害危害着中小学生的身心健康，这也是影响中小学生健康成长的主要问题之一。尤其是一些中小学女生，更应该了解一些这方面的知识，掌握一些应对措施。接下来，让我们一起了解相关知识吧！

校园性侵害的主要形式有哪些

校园发生性侵害的主要形式有暴力式侵害、流氓滋扰式侵害、胁迫式侵害等。

暴力式侵害

暴力式侵害主要指采取暴力手段，甚至用携带的凶器进行威胁，对中小学生进行的性侵害。暴力式侵害的主体相对复杂，有的是混入校园的犯罪分子，有的则是校园内部人员。在暴力式侵害中，有的人是以强奸为目的，混入女生宿舍或者是在校园的偏僻一角伺机作案；当然也有人以抢劫、盗窃为目的，看到有机可乘从而发展为强奸犯罪；还有一些人是因为单相思或者是恋爱不顺而走向极端，对中小学生施行暴力强奸。

流氓滋扰式侵害

流氓滋扰式侵害主要指社会上的一些流氓结伴闯入校园滋事寻衅，或者校园内有一些人品不端正的人在变态心理的驱使下，对中小学生进行各种骚扰。这些人对中小学生的侵害方式大多是言语调戏，推、拉、摸、撞等。中小学生如果在夜间碰到这种情况，大多孤立无助，如果处置不当，可能会使其发展为暴力强奸或轮奸。

胁迫式侵害

胁迫式侵害主要指一些心术不正的人，或者是利用受害者有求于自己，或者是掌握了受害人的个人隐私等，从而对其进行要挟、胁迫，使其就范。

哪些中小学生更容易被性侵害

任何人都可能受到性侵害。可是相对来说，中小学生更容易成为侵害目标，尤其是中小学女生。从女生受到性侵害的实际情况来看，以下女生更容易受到性侵害。

1. 贪图财物的女生。
2. 独自在实验室、运动场或者是其他隐蔽场所的女生。
3. 举止轻浮，喜欢随意结交异性的女生。
4. 有“短处”的女生。
5. 性格懦弱，胆小怕事的女生。

女生在遭到性侵害时，到底要怎么做

女生在面对性侵害时，一定要机智处理，切不能自甘堕落。

1. 在遭到性侵害时，一定要保持头脑冷静，让自己镇定下来。尽量以强硬的态度震慑对方，从而让性侵者产生胆怯心理。

2. 在遭到性侵害时，一定要反抗到底，或者故意拖延时间，为自己赢得获救的机会。当然，具体可以根据周边环境选择反抗、求救的方法。

3. 寻找适当的机会或方式逃脱。例如，可以假装同意，这样性侵者就可能放松警惕。然后，趁其脱衣服时用尽全力将其推倒，及时逃跑。在逃跑的时候一定要大声呼叫。此外，还可以趁其不注意时猛击其敏感部位，使其丧失侵害能力，然后趁机逃走。

4. 积极采取防卫措施。当遭到侵害的时候，可以找一找自己身边有没有可以防卫的工具，如发夹等。如果没有，也可以观察周围有没有可以利用的器物，如砖、棍棒等。受到侵害的时候，大家可利用这些器物攻击性侵者的头部、眼睛等关键部位，使其丧失侵害能力，然后逃跑。

5. 如果遭到性侵害，要努力记住犯罪分子的外貌特征，保护好现场以及物证，及时报案。

003 中小学生易在学校遭受性侵害的原因及特点

发生在校园中的性侵害案例已经对校园秩序和中小学生人身安全构成了重大威胁。在校园中，对中小学生实施性侵害，往往会对他们以后的成长和心理健康造成严重影响。那么，为什么中小学生更容易在校园中遭受性侵害呢？

加害主体和受害主体之间的特殊性

校园性侵害案件往往是一种师源性侵案件，施害人是教师或者是校园内的相关工作人员等。在日常生活中，加害者和受害者经常接触，受害者并不会对加害者有所防备，反倒对他们心怀尊敬。而加害者利用自己和受害者之间存在的这种不对等关系，采取诱骗、恐吓等方式实施不法侵害。在一般案件中，教师会以检查作业、补课等理由，对中小学生实施侵害，事后还威胁学生不能告诉其他人。

这种性侵害具有隐蔽性，有巨大的社会危害性。校园性侵害多发生在老师办公室等公共场所；性侵害实施者多是受害人认识并相信的老师或同学，他们在施行犯罪之前并没有明显的特征，在施行犯罪后会维护自己身份；而受害者大多是未成年的中小学女生，她们自我防护能力差，胆子小，担心被家长批评，被同学嘲笑，大多数人选择了沉默。所以，此类犯罪有很强的隐蔽性，不容易被发现。

中小学生遭受性侵害的原因

学校管理不严。大多数发生性侵害的中小学校均存在管理不规范等问题。例如，学校没有设立门卫，学生可以随意进出校门，有的寄宿制学校的男生可随意进入女生宿舍，甚至还有学生夜不归宿等。所以，学校管理不严是导致中小学生遭受性侵害不可忽视的原因之一。

有人格缺陷的老师。部分老师会将罪恶的魔爪伸向未成年学生，这些老师思想堕落，缺乏教师的职业道德素养。一直以来，有部分老师一直思慕灯红酒绿的生活，导致人格缺陷，将中小学生当作性侵犯对象，不仅让自己走上了犯罪之路，还给中小学生的身心健康造成了巨大的伤害。

中小学生缺乏自我保护意识。中小学生是一群需要被特殊关注的群体，他们涉世未深，对人缺乏一定的戒备心理。尤其是对自己的老师，缺乏理性的辨别能力。具体到老师施行性侵害的案例中，部分老师会利用辅导功课、家访等理由接近被侵害的学生，进而对其实施侵害，而学生并没有设防，最终导致悲剧发生。

案发地点较隐蔽，案发周期较长

校园性侵害事件的发生地点相对集中。一般是学校日常教学活动场所，比如教室、老师的办公室、老师的宿舍、学生的宿舍等地方。加害者通常以批改作业、做游戏、做实验等幌子来诱骗受害学生。当然，也有一部分是以恐吓、威胁的手段进行的。其侵害方式极其恶劣，如骚扰、猥亵等令人发指的行为。

此外，这样的案件大多发生在相对封闭的学校，以及比较偏远或者留守学生较多的学校。平时，这些中小学生和家长接触较少，这也导致类似案件中受害者的孤独无助。如此也增加了此类案件加害者的底气。所以，在同一个案件中往往受害人较多，侵害时间也较长。

案件取证艰难，救济途径单一

中小学生校园性侵害案件发生后，存在取证困难的问题。在这些案件中，由于受害的中小学生年龄较小，不知道怎么保护并救助自己，通常在遭遇侵害时就不知所措，从而错过了最佳的取证时间。一旦家长发现侵害属实时，他们可能已经遭受了很长时间的侵害。

与此同时，由于中小学生性侵害案件发生时，往往只有加害者和受害者两人在场，有的受害学生年龄过小，像之前所举案例中，有的受害者还不到6周岁。如果没有其他辅助证据，只有受害幼女的陈述，其证据的证明力度会大打折扣。在实际处理案件的过程中，办案人员一般不会采纳其证言。还有一些农村的家长受传统观念的局限，认为女孩“失贞”是一件可耻的事情，很担心受到同村人的耻笑，一般案件发生后会选择默默承受，或者是和加害人私了，这在某种程度上也助长了加害者的嚣张气焰。

004 教师对学生实施性侵害

近几年来，少数教师对学生实施性侵害的现象时有发生，因此，我们结合一些教师性侵害案件，对教师实施性侵害的成因、特点及对策做了一些粗浅探讨。希望中小学生能对这些事件的成因与特点有一个清楚的认知和了解，学会防范教师性侵害。

女生自称被老师性侵害

老师对学生好，这是再平常不过的一件事情了，可在榆树市红星乡刘家学校九年级的小云来看，却痛苦不堪。躺在炕上的小云连连喊着："我害怕，我害怕……"

据小云讲，从2009年10月11日起，她的噩梦就开始了，她先后三次遭到了学校王老师的性侵害。据警方介绍，该老师曾被警方带走接受调查，但是，由于证据不足已被释放。小云自述，老师先送她手机，之后将其侵犯。

据悉，王老师对小云一直照顾有加，七年级时曾教过小云，后来即便转去别的班级，也一直与小云保持书信往来。2009年升入九年级时，小云收到了王老师的一份礼物：一部新的红色翻盖手机。但上面仅存了王老师一个人的电话号码。

10月11日晚，小云放学后，直接去同学家里吃饭，但是，中途接到了王老师的电话，王老师让小云去他家里一趟。当时小云有些害怕，表示不想去。王老师便命令小云去学校找他，小云依然不肯去，王老师就用命令的口气威胁她，说如果她不去就不让她上重点高中。因为王老师当时正好负责此事。于是，小云去了王老师的家。"但是，没想到王老师原来是想与我做那种事情，我那天晚上是在学校住的……"小云说。

第二次是11月26日，那天是星期五，小云再次接到了王老师的电话。小云说："老师让我去村东头等他，我还是不想去，可老师又威胁我，我实在是没有办法了，就到村东头去找王老师了。当时都已经是晚上8点多了，在村里已经看不到几个人出来了，我们见面之后又往东走了一段，随后他就强行和我发生了性关系。当时，我非常不愿意，也很害怕，做完那事后，王老师就让我回家了，还不让我和别人说。"

教师对学生实施性侵害的特点

1. 数量呈上升态势。自2000年以来，某一个县，就受理了几起教师对学生实施性侵害的案件，且几乎每年有2~3件发生。其中包括奸淫女生案、猥亵中小学生案，受害者中中小学生多达30余人。

2. 犯罪对象特定化和低龄化。犯罪分子选择侵害的对象均是与自己有着教学关系的学生，而且绝大部分是15周岁以下的中小学生。此类案件情节日趋恶劣，社会危害性极大。

教师能够对学生实施性侵害的原因

1. 学校管理制度不健全。一些学校一味强调教师教学水平、教学成绩，追求学生的升学率，而忽视了对教师思想政治素质和职业道德修养的提高和教育。另外，对师生课外行为和相互交往活动，也缺乏必要的管理和约束，致使一些不法分子借口辅导功课、批改作业等，将学生带至自己家中或是宿舍，对其实施性侵害。有的学校甚至在发现问题后，不及时严肃处理，最终导致中小学生受害。

2. 学校法制宣传教育缺乏力度和深度。由于有的学校的思想品德教育流于形式，这部分教师思想品德有缺陷，再加上有些中小学生不懂得用法律武器来保护自己，同时过分恐惧、害怕，最终导致了校园性侵害案件的发生。

预防校园性侵害案件的对策

首先，我国应切实加大对教师性侵害的打击力度。其次，应对教师加强思想教育，提高教师队伍的素质。

同时，各个中小学校应当加强法制宣传教育。各级教育部门应当将法律知识的学习纳入教师的素质考核，以及中小学生素质教育的内容中。通过法制教育使得广大中小学生懂得运用法律武器保护自己的合法权益，勇敢地同犯罪分子做斗争，使其无处藏身。

005 正确认知异性交往

正常的异性交往将有助于中小学生的身心健康和人格的发展，对其成年之后的婚恋生活也会有好的影响。相反，回避、抑制正常的异性交往，不仅会影响中小学生健全人格的发展，也会为中小学生今后的成长留下不必要的障碍。例如，中小学生过分沉迷于尚不成熟的异性恋情等，都会给中小学生的学习与生活带来不良影响。所以，处理好与异性交往问题，对于中小学生来说，既重要又有意义。

正确认识学生间的异性交往

正确认知并建立正常的、自然的异性同学关系，对于中小学生来说是一个特殊的课题。那么，应当如何正确认识和建立异性同学关系呢？首先，要理解和认清正常男女学生间交往的必要性和可行性。将正常交往带来的好处与弊端区分开来，正确认识异性交往。这不仅可以帮助中小学生建立正常的异性关系，而且也会直接影响中小学生能否健康成长。

一般来讲，既有同性朋友又有异性朋友的中小学生，往往性格都比较开朗，为人诚恳热情，也非常乐于帮助同学，自制力往往也会比较强。而那些只在同性同学中交朋友的中小学生，往往会缺乏健全的情感体验，不具备与异性沟通的社会交往能力，这将会促使其以后社会交往范围和生活圈子也比较狭小，人格发展不甚完善。也就是说，正常的异性交往，对中小学生是非常有利的。

正常的异性交往，使其度过快乐的中小学时光，心情舒畅；带来安全感和稳定感；使其宽容大度，较容易理解他人；获得与异性友好相处的经验和经历；获得掌握社会交往技能的机会；培养求实、诚实的道德观念。

异性交往的原则与方法

很多家长在看待中小学生，特别是自己的孩子与异性的交往问题上，会非常敏感和担心。例如，万一小小年纪谈恋爱影响学习成绩了怎么办，并因此与孩子闹出很多不愉快来。那么，假如孩子有了异性朋友，应当怎么办呢？家长应当如何与孩子沟通呢？中小学生又应当如何面对这个问题呢？

中小学生在进行正常的异性交往时，应把握好“自然”和“适度”两个原则。

所谓自然原则，就是中小学生在与异性交往的过程中，言语表情、行为举止等，要自然。既不盲目冲动，也不矫揉造作；既不过分夸张，也不闪烁其词，以消除不自然感，建立正常的异性关系。自然原则的最好体现是，中小学生要像建立同性关系那样建立异性关系，要像对待同性同学那样对待自己的异性同学，像与同性交往那样与异性交往。与同学的关系不要由于异性的加入和存在，而变得不舒服或是不自然。

所谓适度原则，是指中小学生与异性交往的程度、和异性交往的方式要恰到好处，应当为大多数人所接受。既不与异性交往过早，萌生情愫，又不过分回避或拒绝；既不过多地参与和异性之间的“单独活动”，也不拒绝接纳异性的热情与帮助。

另外，家长也可以根据以上原则来与孩子进行沟通，阐明男生、女生间的交往原则，要层层递进，动之以情，晓之以理，万不可与孩子直接起冲突。

正确与恰当的交友方法

在把握与异性交往原则的基础上，具体处理异性交往问题时，中小学生还应注意使用正确与恰当的交友方法。

1. 真实坦诚。在交往过程中要做到以诚相待、坦荡无私，相互信任是建立和发展良好异性关系的前提和基础。这是指中小学生异性交往的态度问题。也就是说，中小学生与异性交往时，要像结交同性朋友那样结交真朋友。

2. 克服羞怯心理。与异性交往时要仪态大方、自然。初次见面时感到羞怯与退缩是难免的，女生尤为如此。但是，多次接触后仍然羞怯，就不免会引起对方的误解。所以，在正常的两性交往中，女生尤其要注意克服不自然的羞怯心理，以免使正常的异性交往误入歧途。

3. 留有余地。虽然是结交知心朋友，但是，作为一名中小学生，所言所行要留有余地，不能毫无顾忌。例如，中小学生在谈话中，对于两性之间的一些敏感话题，要尽量予以回避。既要把握好身体接触的分寸，不能过于轻浮，也不要过分拘谨。在与某位异性的长期交往中，中小学生要注意把握好彼此关系的程度，不要走得“太深”或是“太远”，以免超越正常的异性交往界限。

除此之外，交往中的中小学男女学生，在集体活动中，要避免过多地单独相处，在交友范围上，不可以做过多的限制。中小学生与更多的同性或异性同学交往，也可以避免在与异性单独相处时，产生不适应和不自然的心理。

006 校园性暴力产生的原因及预防办法

校园性暴力是一种基于中小学生个体或群体，由体能、心理上或社会地位等方面力量的不均衡，所导致的一种权力滥用的现象，由中小学生个体或群体实施的性侵害的行为。其往往表现为对中小学生受害者，实施心理或身体上的伤害或压迫的行为。因此，中小学生应该认识一下校园性暴力产生的原因，只有对校园性暴力产生的原因有一个明确的认识，才能够知道该如何预防与应对校园性暴力的发生。

校园性暴力产生的原因

1. 家庭方面的原因。主要体现为家庭教育能力不足，家长受教育的程度不高，所以，某些中小学生缺乏较科学的家庭教育，所接受的教育方式过于简单粗暴。久而久之，中小学生的人格就会出现缺陷甚至是扭曲，从而滋生性暴力心理和行为。

家庭结构缺陷带来的影响。有关调查显示，处于单亲家庭中的中小学生发生性暴力行为的概率非常高。

2. 社会性暴力文化及网络、影视作品的负面影响。虽然我国有关中小学生问题的法律，一律禁止中小学生接触暴力文化，但是，在一些影视作品、电子游戏中，中小学生还是有可能会接触到许多性暴力场面。中小学生一定要能够抵御住这种诱惑。其实，中小学生完全可以提高对这方面内容的认识和判断能力，在有性暴力内容的文艺作品中，理解什么是正义和正面角色，抵御性暴力行为等。

3. 学校方面的原因。《中华人民共和国未成年人保护法》第四十条对可能出现的校园性暴力行为，作出了严格规定：学校、幼儿园应当建立预防性侵害、性骚扰未成年人工作制度。对性侵害、性骚扰未成年人等违法犯罪行为，学校、幼儿园不得隐瞒，应当及时向公安机关、教育行政部门报告，并配合相关部门依法处理。学校、幼儿园应当对未成年人开展适合其年龄的性教育，提高未成年人防范性侵害、性骚扰的自我保护意识和能力。对遭受性侵害、性骚扰的未成年人，学校、幼儿园应当及时采取相关的保护措施。

学校作为一种社会教育机构的基本功能是育人，其固有的特征是严格遵守制度，而且对中小学生个体差异的容忍度很低。因此，在一定程度上，校园事实性地容忍了一些性暴力行为的发生。由于学校注重升学率和智育，而轻视了德育的教育偏差，忽视了校园种种性暴力的发生。所以，学校对于校园性暴力的产生有无法推脱的责任。

虽然素质教育已开展了多年，但是，仍有个别学校只是盯着升学率，忽视了科学的世界观、人生观、价值观的培养和法制教育，淡化了对中小学生道德意识和审美情趣的培养……因此，在这方面，中小学生只能靠自己的认知和智慧，抵御来自校园的种种性暴力行为。

每个中小学生都渴望被关注、被接纳，应试教育却使一部分中小学生成了被淘汰者。于是，这些中小学生便可能用暴力手段来报复老师和同学。因为这些中小学生会认为，其对物质的占有、对他人的伤害都是对自我的肯定，其由此可以重新获得老师的关注和同学的“认同”。因此，从某种意义上讲，校园性暴力是否发生，发生频率的高低及严重程度，都是对学校管理和教育水平的一种折射。

4. 校园内不良的文化氛围影响。实际上，一个拥有健康校园文化的学校、一个治理有方的学校发生校园性暴力行为的可能性是非常小的。然而，在一个不健康的校园文化氛围下，中小学生和老师之间的关系，往往会走向两个极端：一个是强权支配的师生关系；另一个是“放羊式”的师生关系。中小学生有可能会将那些有力量而且独裁的教师当作崇拜的偶像。如果中小学生将这些老师作为自己的榜样，用同样的方式去对待自己的同学并实施性暴力行为，则后果不堪设想。反之，那些既不严厉又无法控制课堂秩序的教师，同样会让中小学生对校园生活失去信心，甚至憎恶学校，也会导致校园性暴力行为的发生。此外，教师对中小学生的消极态度，也同样会成为中小学生伤害其同伴的借口。例如，教师对某学生使用尖酸刻薄的话伤害了其自尊心等。

5. 中小学生个人的原因。中小学生不良的人格倾向会引发校园性暴力。校园性暴力的施暴者主要是“问题学生”。这些“问题学生”往往由于享受不到家庭的温暖，没有平安富足的生活，加上平时缺乏关怀、帮助、管教和引导，所以，常常游走在违法犯罪的边缘。

如何有效规避校园性暴力

在面对校园性暴力时，应该怎么办呢？作为教育机构的学校，首先，应当改善校风，搭建一个有和谐师生关系的平台，使教师与学生之间的沟通、交流更加人性化。同时，在教育教学的过程中应更加注重保护中小学生的尊严和提高中小学生的学习兴趣。

其次，创造健康的校园文化氛围，使校园真正变成让中小学生健康成长和学习的平台、教师愉悦工作的一方净土。良好的校园文化氛围需要师生共同来创造。对教师来说，教师要能够努力倾听学生的心语，并把师生之间的这种交流和沟通，作为建立师生之间相互尊重和信任关系的基础。对于学校来说，其在倡导以中小学生为中心的自主学习模式的前提下，不要忘记对中小学生进行文明教育和礼貌教育。

第五章

增强防范意识，建立安全“防火墙”

中小学生想要避免遭受性侵害，就要树立防范意识，进一步掌握身体的自主权，掌握性侵害容易发生的时间、地点、对象等知识。树立正确的价值观，坚决抵制诱惑，自尊自爱，这样才能让危险远离自己。

001 了解自己的身体

中小学生已经有一定的认知意识了，他们的头脑中也应该有一定的性知识了。可是，事实上却并非如此。

由于年纪小，再加上没有接受过相关知识的教育，有些中小学生遭到了性侵害也茫然不知，这是非常危险的。

我们都认为性教育应该在青春期的时候开展，可是这种观点是不对的。很多性侵害案例表明，一些中小学生还没有到青春期就遭受了性侵害。所以，中小学生在成长过程中，应该学习并掌握一些正确的性知识。

什么时候了解自己的身体

在3周岁的时候，我们就应该开始认识自己身体各部分，包括生殖器等部位。这样我们才知道自己是身体的主人，进一步建立这种概念和意识，这就是身体的自主权。我们要知道游泳的时候女生穿泳衣的地方、男生穿泳裤的地方是绝对不能让人碰的，如果被碰了，对方还威胁说“千万不能告诉别人”或者是“告诉别人就会被打”等，这就是一种侵害行为。这时，我们就要及时告诉家长。

2019年一位心理健康讲师到某地组织200多名女生做了一次“我能对付大灰狼”的讲座，她们当中绝大部分是留守儿童。在讲座中，老师出示了一张女生的身体示意图，让女生在图片上指出哪些属于自己的隐私部位，哪些是不允许别人触碰的。从结果来看，大部分女生能做出一些标志，年级越高的女生做得越好。

在介绍隐私部位的称谓时，全场只有一名女生通过自己的身体部位向大家介绍胸部、臀部等，更多女生选择了沉默。可能是因为不好意思和大家分享她们身体的秘密，也或许是她们根本就不知道这些知识，更别提要形成保护自己身体隐私部位的意识。

了解自己身体的自主权

同学们要知道自己的隐私部位都有哪些，比如腹部、臀部、大腿内侧，还有女生的胸部、阴部，以及男生的阴茎等都属于隐私部位，这些部位是不能随便让别人触碰的。如果有人非要看或触摸自己的隐私部位，一定要离开他或者发出求救信号；如果被别人触摸了隐私部位，一定不要害怕，也不要害羞，要及时告诉家长。在生活中，中小学生到底对自己身体的自主权了解多少呢？

一名记者采访某中学学生杨某时，问：“你认为男生会遭到性侵害吗？”他不假思索地回答：“这个事情只会在女生身上发生，怎么会和男生有关系呢？”当然，中学生杨某的这个回答也是不少学生的认知。

知心姐姐杂志社发布的一项“关注中小学生性侵害”的网上调查显示，有一部分中小学生网友对儿童性侵害存在误解。其中，有一部分被采访的中小学生认为“性侵害只会来自异性”，一部分被采访的中小学生认为“只有女生才会被性侵害”，还有一部分被采访的中小学生认为“只有陌生人才会带来性侵害”。

根据相关专家的意见以及国外类似的定义，儿童性侵害可以这样来描述：一切通过武力、欺骗、诱惑或其他方式，将儿童引向性接触，从而达到侵犯者满足的行为。

事实上，性侵害除了强奸这样比较严重的伤害之外，还有所谓的“性接触”分类，其中又包括两种情况：一种是有身体接触的行为，比如触摸、抚弄儿童隐私部位或者让儿童玩弄他人隐私部位等；另一种是没有身体接触行为，却用猥亵的语言挑逗或取笑儿童等。

有的中小学生比较保守，他们认为讲性是一件羞耻的事情，从而闭口不谈。这是不正确的。中小学生应以一种恰当的态度和方式来对待性，这样才能知道自己身体的自主权，知道有关“性”的知识，从而更好地保护自己不受侵害。

002 容易发生性侵害的时间

暑假，梅梅和同学一起到图书馆看书。那一天，梅梅穿着吊带背心和短裤。当梅梅和同学走在路上时，有一个“怪叔叔”一直和梅梅并排着走。一开始梅梅并没有留心，可是突然，梅梅感到有人捏她的屁股，这时梅梅才警觉地看了一下身边的“怪叔叔”。

梅梅瞪了一眼“怪叔叔”，然后赶紧和同学一起跑开了。从那以后，只要一有陌生男子接近自己，梅梅就十分害怕，即便有人无意识地碰她一下，她也会感到不舒服。

性侵害案件可能随时发生，但它最容易在哪些时间发生呢？

夏天

性侵害案件的高发期一般是在6~10月，其中以7~9月最为突出。

夏天来到之后，各地女性惨遭“性骚扰”的报道也很多。例如，有男生在卧铺车上两次将手伸进女孩的被窝。所以，中小学生在夏天一定不要贪图凉快，穿着过于单薄，以免给自己带来危险。

夜晚

夜间光线暗淡，犯罪分子喜欢在此时作案，因为不容易被发现。

那么，如果在夜晚出行，我们应注意什么呢？

1. 尽量走大路，不要走小路。

2. 如果有陌生异性问路，可以告诉他怎么走，但一定不要带路。

3. 晚上出行的时候，一定要警惕身边来往的异性。

4. 遇到有人跟踪自己，可以横穿几次马路。如果对方紧追不舍，一定要快速向人多或明亮的地方跑。

5. 不要搭乘不认识人的车，避免落入圈套。

6. 外出时，要告诉家长或朋友自己的行踪。

7. 滴滴打车时，可趁机拍下司机照片和车牌号，告知家人或朋友，让家人或朋友知道自己的动态。

毕业聚会或节日聚餐

对现在的中小学生来说，他们更喜欢举办一些毕业聚餐、生日聚餐等活动。殊不知，这些聚餐中也存在着各种危险。

又到了一年的初中毕业季，同学们每天忙于学习、考试，身心甚是疲惫。大家提议考试结束后就聚餐。眨眼的时间，考试结束了，同学们准备好好聚聚。在席间，有同学建议喝点儿酒庆祝自己毕业了。

班级聚餐之后，大家纷纷告别。一些平时玩得很好的同学又召集了几个同学去酒吧。美丽和这几位同学玩得都很好，就答应和他们一起去。在酒吧里，他们尽情地喝酒、跳舞，每个人都喝了很多酒。当然，美丽也喝多了，他们玩完后出来时已经是深夜了。美丽和两个男生一起拼车，下车后两个男生说要送美丽回家。在路上，他们将美丽拉扯到了一个僻静的巷子，这两个平时和美丽玩得很好的男生借着酒劲性侵了美丽。事后，他们还威胁美丽不能将此事说出去，美丽也担心这件事被别人知道有损自己的名声，就没敢和别人说起这件事，包括她的家长。

在聚餐中，性侵害主体大多是同龄或者年纪相仿的异性，因为同学、朋友之间的友情足以让人放松警惕。

女生在这种场合一定要保持冷静，要有强烈的自我保护意识，在参加各种聚餐、聚会时，一定不要喝酒，不要出风头。如果在聚餐途中发现有男生、女生大谈黄色笑话，一定不要加入其中，可选择合适的时机离开。

003

性侵害经常发生的地点

接下来我们说一说经常发生性侵害的地方都有哪些。

学校内

教师宿舍、教师办公室等地方，通常也是校园性侵害案件发生的主要场所。因为这些地方比较隐蔽、封闭，不容易引起其他教师和学生的注意。另外，不法分子会利用学生的无知和害怕心理来威胁他们，这也是校园频繁出现猥亵和性侵案件的关键原因。

不少家长忙着挣钱、工作，早出晚归，一天和孩子都见不上面。即便在一起聊天，也是在聊学习。中小学生的内心感受更容易被忽略，他们的内心世界是家长触及不到的。为此，当中小学生出现一些异常情况时，家长很难在第一时间发现，而中小学生即便被侵犯也不会主动和家长说，如此一来，一些事实就被掩盖，一些人就会更加肆无忌惮。

公园、公厕等公共场所

公园、公厕等也可能是中小学生遭受性侵害的场所。通常在午休时间，人较少的时候，一些不法分子更容易对在外面玩耍的孩子产生邪念，实施猥亵行为。

另外，上学、放学的路上也是发生性侵害的重要场所。有一个女生经常独自行走在上学、放学的路上。某天，她被一个男青年猥亵。当时，这个男青年看周边没有人，而这条路比较偏僻，这才心生歹意，好在女生奋力抵抗才得以逃走。

上述案例告诫我们，外出时一定要走人流量多的地方，如果一定要走人流量少的地方，那么切忌单独行走，一定要和同学结伴而行，也不要长时间在外面逗留。

家 中

在很多新闻报道中，家庭内部也会发生一些性侵害事件，如继父对继女、养父对养女，甚至还有亲生父亲对亲生女儿……这些人原本是受害者最亲近的人，却做了世界上最丑陋的事情。他们会利用孩子在家中被关爱的需求施行罪恶，给孩子的一生留下阴影。

在天津市就读的少女婷婷，在完成李老师布置的作文《我最想对老师说的一件事》中，写下了她遭继父金某强奸和猥亵的事实。天真的婷婷还在作文中写道："老师，你会不会因为这件事情而看不起我？"看过作文的李老师感觉到事情的严重性，赶紧带着婷婷报案。

婷婷现年14周岁，生长在一个畸形的家庭中。她的母亲在18周岁时和老家一名男子生下了婷婷。产后一个月，婷婷的母亲认识了她的继父金某。很快，两人就同居了。一年后，婷婷的母亲生下婷婷的弟弟，才和金某办理了结婚登记。

此后，婷婷的母亲外出打工，婷婷就和继父、弟弟一起生活。在婷婷的记忆中，母亲很少回家，一年大概回来几次吧。曾经，婷婷去找母亲，却发现母亲已经和另一名男子同居了，还生下了一个男孩，惭愧的母亲每次看到婷婷都会给她一些零花钱。

在婷婷的身体刚开始发育时，继父金某就开始对婷婷动起了歪脑筋。用婷婷的话来说，"每天晚上爸爸就会赤裸裸地爬到我的床上，一开始我并不觉得有什么问题，可是他用手扒下我的内裤……还威胁我不许告诉任何人"。最后，婷婷还是将这件事告诉了母亲，母亲很气愤，却没有报案，就这样婷婷一直遭受继父的蹂躏。

家庭，对大部分中小学生而言是一个温暖的港湾，可是对另一些人而言，却如同地狱。中小学生在遭遇这些事情时，一定不能忍气吞声，要及时寻求其他亲朋或者警察的帮助，这样才能将自己解救出来。

熟悉的同学家中

熟悉的同学家中也可能是性侵害的“温床”。某天，有个男孩邀请女孩到家中写作业，正好男孩的家长都外出了，两人在密闭的房间里相处时间长了，男孩就做出了越轨的行为。

因此，中小学生一定要弄懂感情和性之间的关系，不要给自己的人生留下不必要的伤痛。学会掌控自己的情感世界，学会对自己的人生负责。和异性保持适当的距离。不要随意到别人家中写作业或玩耍，即便要去，逗留时间也不要太久，要把握好时间。

004

可能实施性侵害的对象

中小学生想要学会防范性侵害，不仅要知道性侵害经常发生的时间和地点，还应该掌握到底哪些人会给自己带来伤害。

陌生人

在生活中，陌生人充斥在中小学生身边。

丫丫是一名六年级的学生，每天丫丫的妈妈都会来接她放学。可是有一天，丫丫的妈妈因为堵车，没有按时来接丫丫。等赶到学校后，妈妈发现丫丫不见了，她赶紧回家，却发现丫丫也不在家。丫丫的妈妈开始着急起来，把所有丫丫可能去的地方都找遍了，可都没有发现丫丫的身影。于是丫丫的妈妈来到公安局报案，可是等警察找到丫丫时，丫丫已经受到了不法分子的性侵害。

原来，放学后丫丫正在等妈妈来接自己，这时一个男人出现了，他自称是丫丫妈妈的同事，对丫丫说："你妈妈今天要加班，没有时间来接你，所以让我来接你去公司。"丫丫轻易相信了这个男人的话，跟着这个男人走了。随后，男人将丫丫带到了一个偏僻的角落，对丫丫实施了性侵害。

丫丫的事例告诉我们，中小学生一定要拒绝任何陌生人的"好意"。不要轻易相信陌生人，更不能接受陌生人给的财物、饮料，或跟随他们到隐蔽的地方，这样才能避免遭到不必要的伤害。

另外，中小学生独自在家时，一定要关好门窗，拒绝给任何陌生人开门。如果发现有陌生人强行进入房间，一定要果断求救。

最熟悉的“陌生人”

不少中小学生知道防备陌生人，却不怎么防备熟人。在现实生活中，中小学生都可能会遭到不同程度的性侵害。从调查中发现，性侵犯者大多是中小学生信任的人，如亲属、长辈、邻居等。

果果经常到爸爸所在的单位玩耍，她和那里的叔叔、阿姨也十分熟悉。这天，果果跟着爸爸来到单位。中途，爸爸因有事让果果自己玩一会儿。这时，他爸爸的一个同事看到果果一个人玩耍，就带着果果出去玩耍。

爸爸回来后不见果果，十分着急，这时发现这位同事带着果果从外面回来了，果果手里还拿着一根棒棒糖，果果的爸爸这才松了一口气，还对他表示了谢意。下班后，爸爸随口问果果：“叔叔带你到哪里玩了？”果果说：“叔叔带我去了一个房间，和我玩脱裤子的游戏。”听到这里，果果的爸爸脸色煞白，他这才知道那个同事对果果实施了猥亵行为。

诸如此类的事情还有很多，如一些中小学生的表哥、小叔等人，对其下体进行接触等。鉴于此，有些中小学生知道这样不好，却也不知道到底是哪里不好；也有一些中小学生则是被威逼利诱，不知道怎么拒绝。

最亲近的人

在生活中，也时有父亲性侵女儿的新闻出现。

曾有这样一则新闻，有一个女孩的父亲入狱。父亲从狱中出来时，看到女儿已经长得亭亭玉立，竟然性侵了自己的女儿，好在女孩在学校和社会的帮助下，走出了心理阴影。

上述这些人给中小学生的不是最温暖的拥抱，而是惊恐的噩梦。所以，中小学生一定要明白，不管对方是谁，即便他是你的父亲、哥哥等，只要做出了让你不舒服的触摸等行为，一定要坚决拒绝。

005 容易被忽视的性侵害群体

在众多未成年性侵害案件中，有两个受害群体容易被人们所遗忘，他们分别是留守孩子、男孩子。

留守孩子之殇

留守孩子的家长一般常年在外地打工，有时半年、一年才能和孩子见上一面，甚至好多年都见不上一面。大部分的留守孩子会由家中的老人、亲戚朋友看护，这些老人、亲戚朋友大多文化水平较低，只会照顾好孩子的日常生活，却不会从心理上真正关心孩子。大部分的留守孩子缺乏保护自己的能力，在面对突发事件时，很难应变、自救。另外，他们因为没有家长直接监护，更容易遭到不法分子的性侵害。

15 岁的留守女生小康已经怀孕数月。在过去的三年中，她先后被 5 人性侵，其中最大者年龄超过 80 岁，最小的是一名 19 岁的在校大学生。小康称，她第一次在河边提水的时候，村里的一名男子从后面把她抱住了，在她挣扎时，男子说只是想看看她有多重。后来，男子将小康抱到了自己的床上，事后还给了小康 20 元钱。

诸如此类的事情还有很多。

小玲是一个 14 岁的孩子，算得上是留守孩子中的“大姐大”，可如今她躺在了冰冷的床上，一脸冷漠，无论别人和她说什么，她都只是望着窗外。小玲的家长一直在外地，很少回家。她寄住在亲戚家，青春期的孩子有的叛逆心理她都有。她喜欢和社会上的青年交往，也有了属于自己的小圈子，经常跟着网上认识的所谓朋友出去玩。就在她第二次和认识的“哥们儿”一起玩耍时，悲剧发生了，她被多个社会青年性侵害了。邻居们对她指指点点，她的生活再也无法平静了……

14 岁、15 岁……这是多么美好的年华啊，可是这些孩子却遭受着摧残，在生命中留下了不堪的回忆和难以治愈的伤疤，留守孩子的苦楚是常人难以想象和承受的。

男孩子也会被性侵害

提到男孩子也会被性侵害，不少人都不太相信。可事实上，确实有一些男孩子被性侵过：被亲戚摸过下体，或者被路上的陌生人猥亵过等。

晚自习结束后，校门口总是能看到一些家长的身影，他们更多是来接女儿回家的，而男孩子大多是结伴而行，或者独自回家。父母对男孩子的安全问题通常比较放心，只要他不打架、不早恋、不和社会青年玩，家长就放心了。因此，不少家长忘记告诉男孩子一定要保护好自己，导致男孩子被性侵害后不知所措。一般情况下，对男孩子实施性侵害的人大多为同性恋者、恋童癖者等。

台湾性教育片《如果早知道男生也会被性侵》在网络上走红。该片中的主人公阿伟是一名中学生，他和奶奶生活在一起，因为奶奶每天都会唠叨他，所以他养成了到网吧上网的习惯。在网吧，阿伟结识了一个男子，阿伟称他为杰哥。两人相识了一段时间后，杰哥邀请阿伟到他家玩，阿伟答应了，没想到一去就被性侵害了。自此，阿伟陷入了痛苦之中。此后，杰哥还不断威胁、骚扰他。阿伟不知道怎么处理这件事情，每天都活得万分痛苦。

如果可以早早地知道男孩子也会被性侵，或许阿伟在遇到杰哥时就会多留一个心眼，如果他知道自己可能受到这么大的伤害，他当初或许就不会迈出那一步。为此，中小学男生也一定要有防性侵意识，要知道男孩也存在被性侵害的危险，面对同性奇怪的举措时，一定要灵活应对，帮自己逃出虎口。

006

坚持正确的价值取向，抵制诱惑

大千世界五光十色，无奇不有，在我们身边存在着许多的诱惑。有很多美好的诱惑，激励我们去追寻，但是，在中小学生的生活中，也有许多影响我们学习和幸福生活，甚至严重危害我们身心健康的诱惑。那些不良诱惑有时就像“吸血蝙蝠”，让缺乏警惕性的中小学生懵懵懂懂地上当，在不知不觉中成为“俘虏”。

中小学生存在哪些不良行为

中小学生必须学会分辨并自觉抵制社会生活中的种种不良诱惑，才可能健康幸福地生活、学习和工作。否则，将会为之付出惨痛而沉重的代价。因此，下面我们为大家总结了中小学生不能有的不良行为及其防范措施。

中小学生不能有的不良行为包括：

①旷课及夜不归宿；

②背着老师和家长参与赌博或者变相赌博；

③偷窃或故意毁坏财物；

④强行向他人索要财物；

⑤进入法律、法规规定未成年人不适宜进入的营业性歌舞厅等场所；

⑥收听、观看淫秽的音像制品、读物等；

⑦打架斗殴、辱骂他人；

⑧携带管制刀具。

中小学生要避免或远离这些行为，就要在平时的生活中，注意抵制一些不良诱惑，摆脱这些不良行为的干扰，避免其对自己造成危害。

拒绝和战胜不良诱惑的方法

中小学生要在自己的脑海中联想被诱惑的后果，以坚定自己抵制和拒绝不良诱惑的决心。

中小学生在面临诱惑时，应主动请求他人给予自己帮助。因为很多时候由于自己年龄小，阅历甚浅，单靠自己的力量，很难战胜那些具有强烈吸引力的诱惑。所以，在这种情况下，中小学生可以请求他人，如家长、老师、同学和朋友，帮助和监督、管理自己，以战胜那些对自己具有强烈吸引力的诱惑。

中小学生要学会避开诱惑、转移注意力。最好将引起诱惑的实物隐藏起来，或者多参加一些积极健康的班集体活动，或者多与同学交流和谈心，以避开诱惑为导向，转移自己的注意力。这种方法适用于中小学生接触诱惑的初始阶段。

学会婉言谢绝，提高自制力。当不良诱惑来自朋友方面时，如你在做作业时，本不想出去玩或是看电视，而恰巧身边的同学，要拉你入伙或者从事其他你比较感兴趣的事情，你可以依靠自己的自制力和一定的技巧来回绝邀请，以避免他们的嘲弄和不理解。

中小学生要注意专时专用，改正不良习惯。为了防止做某件着迷的事情而超时，中小学生要严格分配自己的时间，以不同的方式提醒自己：什么时间该做什么事情。例如，现在是学习时间，就应该认真学习；现在是娱乐时间，就适当开展一些自己感兴趣的活动，以调节自己；现在是锻炼时间，就应该进行体育锻炼；现在是休息时间，应该好好地休息。

总之，中小学生要拒绝和抵制不良诱惑，需要结合自己所处的环境和实际状况，充分发挥自己的聪明才智，用正确的态度、清醒的头脑以及科学的方法，来摆脱对自己不利的干扰。

同学们，通过以上的学习，你们懂得了如何分辨一些不良诱惑的技巧，以及怎样拒绝不良诱惑的方法，相信在今后的人生道路上，你们一定能更好地掌握自己人生的方向，愉快地学习、健康地成长！

007 避免性侵害，从生活中的点滴做起

性侵害会对中小学生造成极大的伤害，尤其是会对中小学生心理造成重大的伤害，受害的中小学生可能会因此不再信任任何人，会开始不喜欢自己，甚至想到要自杀等。这将严重地影响受害者未来的人际关系和生活质量。因此，中小学生为了自己的健康，为了自己能拥有一个美好的未来，要增强自我保护意识。

另外，侵害者并不只局限于陌生人。许多性侵害者是受害者较为熟悉的人，他们可能是你的邻居、朋友、学校的老师、家长的朋友或其他熟悉的人等，甚至是亲戚和家人。然而，无论侵害者是谁，这都是错误的、不合理的行为。因为我们的身体属于我们自己，任何人都没有权利侵犯和伤害我们的身体。

在平时生活中应当注意

在日常生活中，中小学生除了要注意不做违法犯纪的行为以外，还应掌握有关预防性侵害的常识和技巧，以下几点可供中小学生参考。

1. 中小学生不要单独去自己得不到帮助的地方或陌生的地方。
2. 中小学生尽可能避免夜间外出，或是单独外出。
3. 当遇到威胁时，要大声地喊叫，并迅速跑向安全或人多的地方。
4. 在平时就要注意性诱惑，不随便出入歌舞厅、录像厅、宾馆等地方，更不要看色情录像、电影及书刊。
5. 不要轻易相信陌生人或接受自己不十分了解的人的钱或是其他礼物。
6. 不要与不信任的人一起外出。
7. 不要搭便车，特别是自己不认识的人的车。
8. 一个人在家时要将门窗关好。在开门前应问清来的人是谁，

不要轻易让外人进入自己家，即便是自己比较熟悉的人。

9. 中小学生不要饮酒，因为饮酒过量会使你失去做出正确判断的能力。

10. 对可能潜在性侵害的一些情境事先有所了解和认识。

11. 对一些违背你意愿的、不合理的请求，要敢于说“不”，坚决给予拒绝。

12. 在与异性朋友相处时，彼此之间要说明自己的底线和需要，对自己不喜欢的行为要直接制止。

中小学生要明确违纪与犯罪的区别

在现实生活当中，很多未成年人犯罪不是要故意作恶，大多是因为无知，未能意识到违纪行为和犯罪行为之间有着密切的联系。例如，某学校内的两兄弟经常拿同学的钢笔，有时没有零花钱，就到学校周边小商店去偷吃偷喝。被发现后，老师多次对他俩进行批评和教育，同时按校纪校规给予处分并让其写检查等。可是后来，两兄弟又去小区住户家里盗窃，被居民发现后报了警。警察抓住他们以后，他们还天真地认为只要写写检查、挨个处分就没事了。殊不知，他们的这种行为已经构成了盗窃罪，是要被判刑的。显然这是一种无知的表现。

第六章

生命始终第一，正确应对性侵害

遭遇性侵害时，中小学生一定要见机行事，如可以勇敢地向施害者表明自己的态度，勇敢地反抗；学会观察环境，寻找求救契机；反抗或智取。总而言之，在危险面前，一定要将生命安全放在第一位。

001 表明自己的态度，勇敢反抗

在遭受性侵害时，一小部分中小学生会勇敢地反抗，可是大部分中小学生选择了沉默。殊不知，这样的做法只能让不法分子更加猖狂，让更多人受害。

懦弱、胆小，最终让不法分子得逞

可可马上要过14岁生日了，她是一个爱美的姑娘，每年过生日的时候，爸爸妈妈都会给她拍一套艺术照。今年，可可的写真照由某影楼的小帅帮忙拍，没承想在拍摄过程中，她遭到了小帅的性侵害。让我们一起来看看，这到底是怎么回事吧。

原来，可可在简单上妆后就被带到了摄影棚中。在拍摄之前，小帅将摄影棚的门反锁了起来，心思单纯的可可并没有在意小帅的

这个举动。随后，他给可可穿了一件超短裙，可可开始按照小帅的要求摆出各种姿势。

当可可拍坐在沙发上的照片时，小帅让可可将裙角拉高，可可感觉有点不舒服，但还是照做了。不承想，小帅突然露出了凶相，强行和可可发生了性关系。虽然可可感到下体十分疼痛，却担心小帅打自己，在整个过程中，她始终都不敢高声呼救。

在这个案例中，毫无疑问，可可是受害者，可是回顾整个事件，可可面对性侵害时采取的措施也的确有不妥的地方。和陌生人共处一室时，她并没有防备之心，当小帅提出奇怪的要求后，她没有反对，甚至当对方要越轨时，她也因胆小而不敢高声呼救。

中小学生应该明白，一些性侵害行为是从肢体骚扰、语言骚扰开始的，如果自己没有强烈的反抗，就只能让事情朝着更糟糕的方向发展。所以，中小学女生面对性骚扰时一定不能沉默。生活中，一些中小学生甚至将他人摸自己的脸蛋、讲一些男女之间的情话当成他人对自己的喜欢，引以为荣。殊不知，这反倒会强化不法分子的性侵害心理，是不可取的。

为了避免性侵害，防止整件事情朝着更糟糕的方向发展，我们首先要自尊自爱，尽量避免将自己置于险恶的环境中。如果不幸遇到性侵害，要勇敢地向对方表明自己的态度。这种表明态度的方式，可以是肢体拒绝，如用力推开、快速离开事发地；也可以用简单而有力的话斥责对方。

态度明确，让自己受到的伤害降到最低

在生活中，也有一些中小学生勇敢面对性侵害，他们对施暴者的态度十分明确。

14 岁的小天是一名白白净净的女生，国庆节放假时，她从闹市区经过，不承想一个 20 多岁的社会青年向她伸出了“咸猪手”。但是小天一把就将他推开了，并呵斥他如果再敢这样，她就要报警了。面对小天的“暴怒”，这名社会青年吓得马上逃走了。而小天心有余悸，也赶忙回家了。

很多时候，更多中小学生面对性侵害时因为害怕而不敢大喊大叫，这种心态是错误的，但如果中小学生的叫声太小或者没有震慑力，不但不会让骚扰者停止，反倒更加激发他们的骚扰兴趣。所以，面对性侵害时，我们一定要克服胆怯心理，一定要敢于大声喊叫。

在此过程中，我们可以用到的语言有：

——我要喊人了，救命！

——请离我远点，不要碰我！

——请你自重，将你的脏手拿走！

……

002

学会观察环境，寻找求救契机

你知道吗？遭遇性侵害并不是一件离我们多么遥远的事情。接下来，让我们看看身边发生的一些事情吧！

15 岁的女生甜甜，在广场的公厕内被不法分子强奸。在此期间，曾有治安巡逻队队员、保洁阿姨等因厕所门被反锁而询问，可是因为迟迟没有听到受害者甜甜的呼救声，他们也就不再多想了。后来，保洁阿姨多次打扫卫生都发现这个厕所门被反锁，心生疑惑强行开门，这才将甜甜救出来。

甜甜得救后，抱着保洁阿姨放声大哭。等她平静之后，她告诉保洁阿姨，她太害怕了，根本不敢出声，没有想到寻求巡逻队队员、保洁阿姨的帮助，因为她不确定到底能不能获救，这才错失了良好的求助时机，导致悲剧的发生。

为了避免类似的事情发生，中小学生要学会保持冷静，这不仅可以帮助其更好地寻找获救的时机，还可以对不法分子起到震慑作用，从而让不法分子感到我们是不好欺负的。同时，中小学生还要保证临危不乱，识别周围的环境，寻找更好的求救时机。

清楚自己身处什么样的环境中

当中小学生被带到一个密闭的地方时，要想办法将自己随身携带的书包等扔出去，引起路人的注意。如果随身携带了手机，可以伺机报警，或者拨打家人和朋友的电话，向对方准确告知自己所在的位置，还可以通过微信发送位置信息，让家人和朋友及时救自己。

一天，初中生小华放学后一个人往家走。途中，她感到身后有一辆车一直跟着自己，便快步走了起来。突然，司机将车开到小华身边，向小华喷了迷药，使其不省人事。小华昏昏沉沉醒来时，发现自己已经在车里了。好在小华的手机挂在脖子上，藏在棉袄中，没有被歹徒发现。小华悄悄拿出手机，打开微信，在家人群中发了一条微信："我被坏人抓走了。"然后在家人群中发送了自己的位置。

小华担心家人一时半会儿救不了自己，又眼看着车开向了更偏僻的地方，便赶忙把自己的书包从开着的车窗扔了出去。歹徒看到小华醒来了，威胁小华道："你要是敢乱动，小心我捅死你！"并恶狠狠地瞪着小华，小华虽然很害怕，但她还是保持镇静。她试图干扰他开车，然后伺机下车逃走。

在小华的干扰下，这个歹徒开车晃悠起来，在经过十字路口时被警察扣了下来。小华在警察的帮助下，终于逃出了魔爪。

在这个案例中，我们为小华的机智和勇敢点赞。她是一个很勇敢的女孩，我们应该向她学习。在遇到危险的时候，我们一定要观察身边的环境，切不可胆小怕事，任由事情朝着不好的方向发展。

学会寻找身边可能帮助自己的人

当我们遇到危险的时候，不仅要学会自救，也要学会寻求帮助，米粒正是这样一个机智的女生。

一个周末，米粒和几个女同学相约一起玩。她们玩得很高兴，不知不觉玩到天都黑了，可是她们并没有想要回家的意思，于是又一起看了电影。看完电影之后（大概晚上 11 点），她们才各回各家。米粒和大家分开之后，一个人走在大马路上。在她路过一个酒吧时，三个醉醺醺的男人突然从酒吧中走出来。他们看到米粒后，围过来调戏道："妹妹，和哥哥们一起喝一杯去！"

米粒看着这三个五大三粗的男人，十分害怕。正当她不知所措时，突然看到一个送快餐的外卖员，她赶紧对外卖员说："大哥哥，我在这儿呢！"外卖员转过头一脸茫然，但是看到米粒的处境后，就知道怎么回事了。他停下电动车，走过来将米粒救了出来。

看到米粒能逃离险境，我们真为她感到高兴。如果我们遇到类似的情况，一定要多留心周围有没有可以帮助自己的人。如果是在人多的场合，我们一定要大声求救，不要害怕；如果我们被拖到了隐蔽的地方，看到有人经过时，也一定要大声呼救，寻求帮助。

003

反抗还是智取，要随机应变

遇到性侵害时，中小学生从体力上来评估，通常难以和施暴者抗衡。一般情况下，中小学生可以智取。

乐乐是一名12岁的姑娘，在上学途中突然被一名陌生男子强行拖入车中，并带到了某个小区的二楼家中。男子将乐乐的手用手铐铐住，准备性侵乐乐。乐乐并没有任何反抗，反倒很平静地对他说："等一下，我想上个厕所。"乐乐来到厕所后，快速地反锁了厕所门，随后她发现厕所窗户外没有安装防盗窗，而且窗户外面有一根排水管直通楼下。于是乐乐赶紧打开厕所窗户，抱着排水管小心翼翼地爬下了楼，找到了小区保安，最终得以获救。

案例中的乐乐因为机智，逃离了险境，让自己免遭伤害。那么，其他中小学生遭遇性侵害时会和乐乐一样机智应对吗？我们对某地中小学生做了调查，接受调查的中小学生有的说会直接反抗，大声

呼救；有的说会拨打电话寻求帮助；有的说会偷偷拿钥匙扎坏人的眼睛；有的说会趁坏人脱裤子的时候猛踹他的下体，伺机逃掉……

可是还有一些女生，她们有不同的看法。她们认为不能“强攻”，还是智取更稳妥一些。例如，可以对不法分子说：“这个地方又冷又黑，不如换一个地方吧。”然后伺机寻求帮助。

寻找合适的时机，重复高声呼救

重复高声呼救可以让周围的人听到你的求救信息，如高呼：“有人强奸！有人强奸！”当然，如果歹徒要伤害我们，除非看到有人经过身边，不然就要停止呼救，重新寻找合适的时机呼救。

停止呼救后，要拖延时间

某中学女生独自在宿舍，突然从校外来了犯罪分子。她丝毫不怕，先是大声地斥责，然后大声呼救，可是宿舍周围并没有人，她的呼救没有用。如此犯罪分子的胆子更大了，可是这名中学生也丝毫不畏惧，她和犯罪分子扭打在一起。最终犯罪分子只能仓皇逃走。

事实上，我们可以根据实际情况采取不同的应对方法，可以和他们讲一讲道理，和他们说他们也是有女儿、姐妹的人，如果他们的亲人遭遇性侵害，他们会怎么办等。如此，不仅可以拖延时间，还可以为自己寻找逃脱契机。

选择合适的机会和方式逃脱

机会都是自己创造的，尤其是在面临性侵害时。女同学不妨假装同意，顺从不法分子的要求，等他脱下衣服后，伺机朝着他的下体猛踹一脚，然后用尽全力将他推倒后逃跑。在逃跑的过程中，可以继续高呼救命。或者当不法分子想要亲吻你的时候，可以用手指抠他的眼睛，然后伺机逃脱。

利用日常用具进行防卫

如果施暴者力气很大，我们就不能暴力反抗了。这个时候，我们可以想想身上有没有防卫工具，如发卡、笔等。当施暴者向我们发起攻击时，我们可以用这些工具刺向他们的敏感部位，如眼睛等，然后伺机逃跑。

冷静处理，适当妥协

被施暴时，我们可以假装同意和对方发生性关系。不过要告诉对方，想要先洗个澡，借此躲进厕所，用手机求救。或者，趁不法分子不注意，借机逃走。或者利用尿裤子、大便、呕吐等方法让不法分子失去兴致……

遭遇性侵害后，请保护好自己和现场

如果已经遭遇了性侵害，请不要丧失对生活的希望，保护好自己和现场。及时向当地公安局报案，协助公安局将罪犯缉拿归案。

004

遭遇性侵害，生命安全最重要

受到性侵害时，我们要尽自己所能保全自己。不能一味地强硬反抗，因为这样有可能搭上自己的性命。也不能因遭到性侵害而选择自暴自弃，甚至轻生，这些都是不理智的。

被性侵害时，生命大于一切

中小学生对性已经有一些认识了，所以一些中小学生遭遇性侵害时，会在心中做好决一死战的决定，但是，如果罪犯心狠手辣，我们的反抗就可能给自己招来杀身之祸。

2018 年 4 月，某公安局接到报警，一名 15 岁的女中学生放学后迟迟没有回家。接警之后，公安局立马组织、指导相关人员展开调查工作。

时间一天天过去了，失踪女孩却一直没有消息。女孩是在当天上午 11 点 47 分离开学校的，她离开学校后，和两名同学步行到距离家 300 米的地方后分开，随后独自行走。根据其家人的叙述，正常情况下，女孩在 11 点 53 分就应该到家了。可是那天到了 12 点 10 分，妈妈都没有看到女儿回家，于是出门寻找，未果，这才报警。

在调查中，民警发现这名女孩的人际关系比较单纯，而且没有任何通信工具。经过分析，民警排除了女孩离家出走的可能性。

民警将调查重点锁定在了女孩最后消失的 300 米路径内，这条路属于安全路段，但向东 100 米处有一条偏僻的巷道，这条巷道平时没有其他人通行，只有 8 户人家。经过侦查，民警发现其中一住户有作案嫌疑。在证据面前，犯罪嫌疑人供述了因企图强奸，却遭到强烈抵抗而将女孩杀死，后将其尸体沉入枯井的犯罪事实。

一个鲜活的生命就这样凋零了。请大家记住，生命永远都是最宝贵的，保住生命才是最重要的。在失去抵抗能力的情况下，中小学生可以这样做。

1. 不要激怒侵犯者。通常受侵害的孩子会想尽办法反抗，可能会随手拿起物品击打侵犯者，但是在反抗过程中如果使用尖锐的物品，双方都可能会被物品所伤。另外，也有部分受侵害者会直接用语言表达自己的愤怒，如“如果你敢强奸我，我一定会揭发你，让你坐牢”。在这些过激言辞和行为的刺激下，侵害者很可能由于害怕或愤怒而杀人灭口。

2. 如果力量不足，也没有逃生机会，只能顺从罪犯，不能以跳楼等伤害自己的方式抗争。某驾校女学员小李请教练常某吃饭，不承想在酒精作用下，常某强行要和小李发生性关系，小李在挣扎过程中从四楼跳下身亡。这个案例告诉我们，如果实在没有办法反抗，我们应优先选择保全自己。

被性侵害后，勇敢面对生活

被性侵害的孩子，一般都会有严重的创伤后应激障碍。或许从表面上看，他们和常人并无差异，他们四肢健全，能说能笑。可是没有人懂得他们的痛苦。他们对生活不抱希望，他们将余生的大部分精力消耗在了痛苦、耻辱、抑郁中，最后可能就会以最残酷的方式了结自己的生命。

2015 年 5 月 24 日，江苏一名 22 岁的女孩在家中自杀。在死之前，她写下了遗书。她告诉世界，在过去的十年当中，她经历了什么。从网上公布的遗书可知，女孩很小的时候父母就离异了，她一直跟着母亲生活。后来母亲嫁人了，这也是她噩梦的开始。从 10 岁开始，她就被继父性侵，此后从没有间断过。

她从没有告诉过母亲，因为母亲无法保护她。从那以后，她如同生活在人间地狱一般。这种非人的生活一直持续到她死去的那一刻——她刚刚找到工作，却依然没有逃离继父的魔爪。因为他的手机中有她的裸照，他威胁她只要不服从他，就要将此事曝光，让她找不到男朋友。当痛苦无止境时，受害者不是在沉默中爆发，就是在沉默中灭亡。无力、孤独的受害者，多选择自杀。

2016年7月12日，四川广安一名13岁的女孩跳楼自杀。在其死亡背后，隐藏着一个不可告人的秘密。女孩的奶奶听信算命先生的话，将女孩送到63岁的算命先生那里“圆房”，47天后，女孩跳楼自尽。她本是一个好孩子，刚刚在考试中获得全班第二名的好成绩，她很有希望考上当地最好的中学，未承想，其生命被罪恶终结。

2017年5月13日，一名姓丁的老师性侵了一名女学生。随后，女学生喝农药自杀，死在了丁某的家门口。

这一个个悲剧令人愤怒而又悲痛，愤怒的是侵害者的罪恶行径，悲痛的是这一条条美好的生命竟然以这样遗憾的方式结束了。我们不禁要问：被害者已经受到了伤害，为什么还要伤害自己呢？这是因为，比起身体上的伤害，心理上的创伤往往更令人难以承受。

中小学生要知道的是，如果不幸已经发生，请不要软弱、不要沉默。首先，我们要明白贞操和生命孰轻孰重，感悟生命的价值，激发自身的求生欲。贞操可以分为生理贞操和心理贞操。遭到性侵害后，我们的心理贞操并没有丢失。为此，不要感到羞愧难当，无脸见人，应该认为自己是一个纯洁的人。

其次，生命是可以被重塑的。不要认为一个人如果被性侵害，就意味着他的生命有了污点。露易丝·海自幼父母离异，5岁遭到强暴，少年时期也一直遭受欺凌、虐待，可是她并没有消沉，而是积极进取。如今，她是美国最负盛名的心理治疗专家、作家、演讲家。

最后，我们要明白生命的真正价值。生命价值的高低在于我们是不是一个有价值的人，一个有价值的人会给自己和他人创造更大的价值。

005 危险面前，巧用逃生技巧

在生活中，我们不能保证所有人都是好人，同样也无法控制别人。因此，我们要从自身做起，多学习一些遭遇性侵害时的逃生技巧，防患未然。

随身携带防狼器

某退伍特种兵曾说，很多中小学生，尤其是女生，手无缚鸡之力，可是，如果她们能将随身携带的校徽、雨伞等当成“防狼”设备，或许能对不法分子有一定的杀伤力。那么，中小学生在随身携带的书包中，可以装上哪些防狼器具呢？

1. 别针。美丽的别针别在衣服上十分亮眼，在关键时候也可以成为不错的防狼利器。中小学生不妨将别针别在胸前，一旦有需要就可以取下来防身。当然，如果学校发有校徽，也可以用校徽。

2. 手电筒。手电筒是用来照明的，可是在关键时刻，也可以用来直射歹徒的眼睛，让歹徒暂时性失明，然后帮自己逃走。所以，大家不妨在书包中放一个手电筒吧。

3. 哨子。大多数歹徒害怕被人发现，我们可以在脖子上挂一个哨子，在关键时刻吹响它，引起周围人的注意，或许可以让歹徒知难而退。

4. 自制防狼喷雾。大家可将辣椒水装进喷雾瓶中，随身携带，必要的时候可以派上用场，帮助我们脱困。

5. 购买专业的防狼器。这类物品看上去是装饰用的，事实上有警报作用，可以让周围人知道你的境遇。

学习一些防狼招数

在生活中，中小学生要想更好地保护自己，还需要学习一些以弱胜强的防狼招数：插眼、锁喉、踢裆。那么，具体要怎么使用这些招数呢？

1. 如果被按压在身下要怎么办

歹徒将受害者按压在身下，导致受害者处于仰卧姿势时，此时歹徒可能是站着，也可能是跪着、坐着等。一般情况下，受害者仅是上半身被压制，手脚还是可以活动的，这个时候受害者可以采取抬腿踹其裆部的方法自救。针对不同的按压情况，我们可以采取不同的措施。

①当对方是分跨于受害者的身旁，而抓、掐受害者时，受害者可以踹其裆部。要领是抬起腰、臀，用尽全身的力量去踹。

②如果对方手肘抬起，露出了腋下，可以用拳头猛击其腋窝。

③当对方俯身压下来时，可以直戳对方的眼睛、咽喉，这样的攻击效果是最好的。

④如果你的手臂没有被压住，对方的手臂又没有形成阻隔（此时一般是搂抱着胸腰），可用肘尖猛击对方的太阳穴。要领是要用上腰腹之力、悬臂之力。

⑤如果对方强行亲吻你，你可伺机咬住对方的舌尖或鼻尖。需要注意的是，对方被咬伤后，可能会变得更加丧心病狂，所以一定要在狠咬之后连续进攻对方的要害部位。

2. 被歹徒正面抱着怎么应对

①用肘击打其太阳穴。如果被对方抱着腰部，而手臂没有被控制时，可以用肘部击打对方的太阳穴。此时，歹徒的头完全暴露，没有防护。你可以假装拒绝亲吻，从而使上身后仰，形成攻击距离。随后猛收腹，旋身、挥臂，用肘部狠狠地击打其太阳穴。建议采取连续攻击法，然后伺机逃跑。

②攻其眼睛，折其手指。如果被对方抱着腰部，而手臂没有被控制，可以采取插眼、戳喉等方法。必要时，可以采取折手指的方法。

3. 被从背部抱住怎么应对

①后腰被抱住。可以抬手以反手横肘猛烈击打对方的太阳穴，还可以反方向折对方的手指，或用脚猛踩其脚面。

②手臂和后腰都被抱住。此时歹徒的注意力都在上方，被抱者可以攻击对方的裆部，此举成功的可能性更大。需要注意的是，反手抓一定要准确。

4. 头发被拽住了怎么办

面对性侵害时，我们的头发可能会被歹徒拽住。此时，我们可以运用以下两种方法来应对。

①当头发被正面拽住时，我们要避免反方向对抗，以免头皮受伤。一般情况下，施暴者会抓住头发向上拉扯，而我们的头势必会被迫朝上。一旦发现施暴者的裆部完全暴露后，我们可借助自身力量冲撞施暴者，然后提膝撞对方的裆部。

②当头发被从侧面拽住时，我们可以侧身弯腰靠近对方，顺势撩掌攻击其裆部。

总之，在危险面前不要白费力气地谩骂、盲目反抗，这样做只会激怒对方，大家一定要学会巧用妙招，机智地逃离危险境地。

危险面前，巧用逃生技巧

“四喊、三慎喊”：

首先，看一下“四喊”是什么。

第一喊：有男生在旁边时要高声喊；第二喊：朋友在的时候要喊，若有多个小伙伴同行，即便遇到色狼也不要怕，这个时候要高声喊叫；第三喊：白天路上人多，如果遇上了歹徒，一定要喊，且要高声喊叫；第四喊：在不远处能看见军人、警察时要高声喊叫，因为军人、警察看到女孩子遭到性侵犯、猥亵或性骚扰时，都会挺身而出。

其次，是“三慎喊”。其具体含义如下：

天黑人少慎高喊，孤独无助慎高喊，

直觉危险慎高喊，斗智斗勇智为先。

也就是说，在天黑人少或独自一人的时候，中小学生要慎高喊。例如，在车上没有几个人，天又非常黑时，你一喊就容易惹怒犯罪分子。此外，女孩一般都有很好的直觉，如果我们明确感觉到大喊会为我们带来更大的伤害的时候就要慎喊。